Jean-Luc Héris

FUMEUSE

EXISTENCE

Textes poétiques, ou pas…

Du même auteur

Une vie dans le noui. *Roman*, 2009

L'œil du cœur. *Roman*, 2009

Mes ratés sexuels mé raté séksuéle
Oser la réforme orthographique.
Récit autobiographique, essai de réforme orthographique, 2015

© 2018 Auteur : Héris Jean-Luc
Éditeur : Books on Demand,
12/14 rond-point des Champs Élysées, 75008 Paris, France.
Impression : Books on Demand GmbH, Norderstedt, Allemagne.

Photo couverture : Héris Jean-Luc

Préliminaire

Pas d'ordre chronologique dans ce recueil. J'ai juste notifié le premier texte que j'ai écrit lorsque j'avais dix-huit ans.
Je peux passer du genre masculin au féminin selon les thèmes et l'impact espéré, me mettre à la place d'une personne dans une situation qui ne me concerne pas directement, mais qui me touche émotionnellement.
J'ai éliminé, pour une lecture classique, la plupart des contractions de certains mots (articles, pronoms personnels…) qui sont nécessaires dans mes versions chantées pour que ça marche avec les bons pieds. La majorité de ces écrits sont, en effet, des paroles de chansons et j'ai gardé la structure couplets/refrain.

Généralement je ne cherche pas un sujet sur lequel écrire, il s'impose de lui-même.
Nombre de personnes m'ont croisé, en voiture, sans que je les aperçoive alors qu'ils m'avaient salué d'un geste de la main. Et pour cause, quand je roule je pense, et quand je pense je ne suis pas concentré sur ces caisses à quatre roues et encore moins sur leurs occupants. Mon véhicule est un des lieux où je croise plutôt des idées, que je perds parfois sur le chemin ou que j'arrive à stocker dans un coin de ma tête jusqu'à les exploiter par la suite. Selon leur importance je peux aussi m'arrêter pour les noter sur un carnet.

Cet été 2018 je croise un panneau avertisseur de radar sur une route nouvellement limitée à 80 km/h, mais une fois cette signalisation verticale dépassée je suis

rattrapé par mes neurones en état de connexion créative et je suis un rien moins rigoureux sur le contrôle de ma vitesse…
Le flash de cet appareil sans indulgence et sans discernement pulvérise le flash qui m'avait peut-être apporté une idée de génie !

Je suis sanctionné pour un dépassement de 6 km/h sur une route large, droite, bien dégagée, sans même une route perpendiculaire qui se terminerait par un stop ou une priorité à droite. Bref, sans aucune raison de rouler à ce 80 strict.
C'est pourtant là qu'ils ont placé un radar !

Et nombreux sont ces appareils répressifs sur des axes très fréquentés, à plusieurs voies ou non, qui ne justifient pas de rouler à cette vitesse. Mais comme ces chaussées mettent en confiance les conducteurs ils ont vite fait de dépasser de quelques km/h et c'est un jackpot pour l'état !
Certains pourront rétorquer que cette voie sans danger apparent peut justement inciter à une vitesse excessive et ils ont raison, mais je n'ai pas tort…

En référence au message de sécurité routière diffusé largement sur nos écrans pour nous persuader que c'est une mesure prise uniquement pour notre bien, si on gagne 13m au freinage en roulant à 80 km/h au lieu de 90 et que de nombreuses vies peuvent être sauvées alors roulons à 50 pour en sauver plus, roulons à 10, ne roulons plus et il n'y aura plus aucun accident de la route !

Il faut évidemment prendre une décision et ce n'est pas facile, mais j'aurais tendance à penser que le choix du gouvernement est plutôt motivé par un remplissage de ses caisses…
Ainsi avance-t-on cahin-caha dans la vie entre alternatives, compromis, intérêts personnels ou oligarchiques, priorités, pièges, je-m'en-foutisme, erreurs, trahisons, incompétences, bonnes volontés et mauvaises intentions.

J'avais sélectionné 80 textes pour cette parution, mais cet excès de 6 km/h a suscité en moi une envie de l'imiter dans mon projet !
J'ai donc opéré un dépassement pour que mon recueil comprenne 86 textes !

J'enfreins la limite que je m'étais fixée.
En fait, elle ne s'imposait pas tant les pages blanches s'offraient à ma publication sans le moindre risque de me coûter cher.
Si je prenais des précautions, pour ma santé, dans ma conduite quotidienne, si j'appliquais à la lettre ce que j'avais appris jusqu'ici dans cette matière qu'est le français, si je ne dépassais pas les bornes en n'abordant pas des sujets délirants ou impopulaires, tout roulerait bien et j'arriverais à ma destination finale : un livre qui tiendrait la route.

La limite, elle est à l'origine de nombreux dilemmes dans notre société, dans nos vies personnelles, alors que nous nous torturons les méninges sur les limites d'un univers qui apparaissait comme infini, mais qui pourrait être un parmi une infinité d'univers…

Notre petit monde regorge en effet de divergences d'opinions sur les frontières de l'admissible, du convenable, que ce soit dans les lois, le respect entre individus, la santé face aux progrès, l'écologie, et bien d'autres...
A partir de ce constat, si la vitesse peut être extrêmement dangereuse et gâcher des vies, elle peut aussi être utile pour en sauver, pour traiter des affaires urgentes ou pour être, au plus vite, près d'un être aimé. Ce double tranchant, qui nous concerne au quotidien, est un peu ma marotte et c'est l'un des titres qui suivent.

A l'heure où je finalise ce livre, la France est traversée par une coulée jaune qui embourbe le pays.
Jaune comme le vomi que déclenche l'iniquité dans le traitement des classes sociales. Jaune comme le feu qui brûle les entrailles des plus modestes face au mépris de certains plus aisés alors que ces derniers nécessitent leur travail pour tous leurs besoins quotidiens (sans jeu de mots...). Ils préfèrent les voir comme une sorte d'esclave alors qu'ils devraient avoir de la reconnaissance.
Pour imager une complémentarité des citoyens qui devrait se traduire par un écart plus décent en terme de salaire, on connait l'histoire du trou du cul qui se met en grève et provoque l'asphyxie des organes dits nobles pour démontrer son importance.
Ils considèrent sûrement que ces classes inférieures n'avaient qu'à avoir les capacités intellectuelles et morales pour être à leur place, mais si nous les avions tous, qui y aurait-il "en bas" pour fabriquer, bâtir, transporter, nettoyer...

Et, sans tenir compte du niveau de responsabilité ni de l'amplitude horaire inhérents à certaines professions, qui est le plus méritant entre celui qui fait et réussit de longues études pour avoir un métier valorisant et hautement rémunérateur parce qu'il l'a certes voulu et a été volontaire, mais d'abord parce qu'il en a les aptitudes innées, et celui qui trime durement chaque jour à se détruire le corps parce qu'il n'a pas toujours les capacités pour faire autre chose ?

Pour finir cette introduction sur une pratique équivoque, les citoyens sont de plus en plus fichés, espionnés, que ce soit par le réseau internet, les caméras dans les rues et les bâtiments, les écoutes téléphoniques (j'ai vu, dans une émission scientifique, que des télévisions seraient équipées de micros…) et tout ce que l'on ne sait pas encore, ce qui limite de plus en plus notre liberté et nous place sous contrôle des autorités, et pourtant ces outils peuvent permettre de déjouer un attentat, arrêter un criminel, vivre dans un climat plus sûr…
Nous sommes destinés à jouer les équilibristes et à chuter souvent, trop souvent !

Rien n'est limpide dans notre monde.
Entre une Terre magnifique autant qu'elle est hostile et l'Homme et ses différentes façons d'aborder la vie, l'existence se trouve plutôt dans une ambiance fumeuse...
J'ai quand même donné rendez-vous, dans ces pages, à l'amour et à l'espoir par petites touches chaleureuses.
Il faut savoir se réconforter !

*A ceux qui comptent pour moi.
A ceux qui ont compté pour moi.*

*Au temps qui me compte à rebours
autant qu'il conte mon existence.*

Viens pas chez moi

Viens pas chez moi, c'est pas que je te veux pas,
Mais c'est le foutoir chez moi, tu ne t'y plairais pas.
C'est pas que je te veux pas encore,
C'est surtout que je te veux jamais.
Il traîne partout des corps, des morts et des blessés.

Viens pas chez moi, c'est pas que je te veux pas,
C'est sûrement mieux chez toi,
Y'a pas pire que chez moi.
C'est pas que je veux pas te connaître,
Mais c'est pas là que tu dois naître.
Gamberge avant de venir, faudrait pas en souffrir.

Viens pas chez moi, c'est pas que je te veux pas,
J'ai déjà peur pour toi, je n'en dors déjà pas.
C'est pas que c'est pas beau ici,
Y'a même des coins de paradis,
Mais des colocataires en ont fait un enfer.

Viens pas chez moi, c'est pas que je te veux pas,
C'est trop chaud ou trop froid,
Les plombs sautent à chaque fois.
On peut parfois en réparer. La plupart sont bons à jeter.
Sensible s'abstenir ! Tu devrais pas venir !

Viens pas sur Terre, il faut tout y refaire.
Faudrait des millénaires. C'est le foutoir sur la Terre.
Un peu rangée, un courant d'air
Et le travail est à refaire.
Trop d'hommes aux cœurs de pierre
Sur ce vieux tas de pierres.

Donner un sourire

Parfois je me sens l'âme pure,
La bouche tirée aux commissures,
Mais les gens croisés dans la rue
Me prennent pour une ingénue
Et bien des hommes ont des pensées
Devant mon sourire esquissé.
Ils seraient prêts à dépenser
Pour des rapports déjà faussés.

Rendez-le-moi si je le donne.
Un de rendu, dix à venir.
Rechargé, mon cœur ambitionne
Un trop plein tourné vers le rire.
Echanges qui font des étincelles,
Celles d'une dynamique d'amour.
Bientôt nous pousseront des ailes
Avec tous ces allers-retours.

Comprenez tout ce que veut dire
L'envie de donner un sourire.
A vous d'accuser réception,
Souriez avec affection.
Comprenez tout ce que veut dire
L'envie de donner un sourire,
Simplement aimer voir venir
Une émotion sans rien dire.

Tu freines trop tard

Le long tapis noir se déroule
Tout au milieu des herbes folles,
Mais s'il est fait pour que ça roule,
Dessus, dessous, des vies s'envolent.
Et personne n'échappe à la règle.
La route est le royaume des aigles.
Les vautours y font leur festin.
Des moustiques, tu t'en laves les mains.

Que l'on capte en réseaux routiers
Les esprits qui nous ont quittés
A cause d'un fabuleux progrès ;
La roue a révolutionné.
Soyons aptes à la faire tourner
Dans le sens qui fait raisonner,
Le bon sens qui fait modérer
Nos moteurs un peu emballés.

Une croûte est en voie de cacher
Celle dont la Terre s'était dotée.
Bitume, béton, voudraient masquer
Plutôt que de soigner les plaies.
Je me sens comme les silhouettes
Dans les fossés, fausses trajectoires,
Le rouge a envahi ma tête
Et je suis noir de désespoir.

Tu mets plein gaz, tu mets plein phare,
Malheureusement tu freines trop tard.
La petite ampoule de tes idées,
Au ciel pourra mieux éclairer...
Tu freines trop tard, tu freines trop tard.

Tsunami d'amour

Il flatte mes tympans en s'annonçant d'un murmure.
Son souffle est dans mon cou,
                              invisible autant qu'immense.
Cette vague de tendresse vient assainir les ordures.
Son roulement lointain présage de toute sa puissance.

        Des secousses de maxi magnitude,
        Au loin se dresse un mur d'amour.
        Rien à craindre, non, pas d'inquiétude,
        Ce n'est qu'un tsunami d'amour.

Et nos horloges internes ont sonné l'heure de l'aubaine.
Nous marchions sur un fil,
                              nous allons marcher sur l'eau.
L'équilibre précaire que l'on tenait en haleine
A trouvé fondement, l'amour est plus qu'un oiseau.

        Des secousses de maxi magnitude,
        Au loin se dresse un mur d'amour.
        Rien à craindre, non, pas d'inquiétude,
        Ce n'est qu'un tsunami d'amour.

Il sèchera des larmes, mais il fera boire la tasse
A ceux qui respiraient la joie de nous faire mal vivre.
    Il emportera tout ce qui nous voilait la face :
Les masques d'épouvantes
                              et les erreurs des grands livres.

        Des secousses de maxi magnitude,
        Au loin se dresse un mur d'amour.
        Rien à craindre, non, pas d'inquiétude,
        Ce n'est qu'un tsunami d'amour.

Pas même une colère

Tu lui fais sa cuisine au beurre tous les soirs,
En retour tu prends un œil au beurre noir.
Que c'est beau le bleu, toi il t'en fait ton fard.
Loin d'un beau ciel bleu ton teint est blafard.

Des marrons chauds à la saison tu prépares.
Ses poings t'en donnent toute l'année, le soûlard !
Il te sort jamais, t'as pas besoin d'être chic.
Le samedi soir il pare ton visage de chiques.

Pauvre caractère, tu te laisses faire.
Tu n'esquisses pas même une colère.
Malgré le soleil, éternel hiver.
Dans tes yeux la pluie n'éteint pas l'enfer.

Hier, j'ai cogné la porte du placard !
Tu dis ça pour expliquer tous tes cocards.
Pour les tirer, il te veut les cheveux longs.
Ça reste un rêve une fin comme Cendrillon...

Obéir sinon c'est des coups de pieds aux fesses !
Tu pries, mais lui, non, jamais ne se confesse.
Quand il n'est pas là, tu bois un peu de sa gnôle.
A son retour tu ne sens plus les torgnoles.

Pauvre caractère, tu te laisses faire.
Tu n'esquisses pas même une colère.
Malgré le soleil, éternel hiver.
Dans tes yeux la pluie n'éteint pas l'enfer.

Le Ruban de l'espoir

Manifester pour la bonne cause.
Savoir teinter sa vie en rose.
Réfléchir et faire quelque chose,
Toujours combattre, jamais de pause.

Le rose n'est pas que pour les filles.
De cette couleur octobre s'habille.
Une vitrine contre un cancer
Dont nos poitrines ont trop souffert.

Devant nous un bel avenir.
Un jardin d'idées à fleurir.
De ville en ville, de cœur en cœur,
Des lumières rallument des bonheurs.

Information de mère à fille
Et plus longtemps leurs vies qui brillent.
Repos quand l'avatar, au pire,
N'affectera que le souvenir.

Même s'il gagne encore des batailles,
On sait bien qu'il a une faille.
Ce mal ne fera pas la loi.
On ne se laissera pas faire comme ça.

Comme sur une île vers l'équateur,
Sur nos seins n'y voir que des fleurs.
Unissons-nous pour la victoire.
Tissons le ruban de l'espoir.

Eléonore

Toi qui es sage comme une plage
Attirant mille coquillages,
Le temps d'un soleil couchant
Tu renouvelles tes amants.

L'éclat de tes yeux médusants
Ignore mes vagues sentiments.
Ta langue de sable en m'alléchant
Sous le vent murmure en sifflant.

Pourrai-je un jour Eléonore
Lire les lignes de ton corps ?
Mon aiguille, elle est au Nord,
Elle file, elle file, vers ton corps...

Tes arêtes crèvent cœurs après cœurs.
Ton ombre troue le sol sous mes pieds.
Tes marées sont force et grandeur.
Je bois la tasse, je vais couler.

Dunes douces, grisant mon envie,
M'enlisent à la taille, je durcis.
L'écume pour fruit de ta saveur
Et mon horizon c'est ton cœur.

Pourrai-je un jour Eléonore
Lire les lignes de ton corps ?
Mon aiguille, elle est au Nord,
Elle file, elle file, vers ton corps...

Nous sommes des animaux

Bonnet d'âne sur la tête car nous sommes bien bêtes.
Simiesque est notre vie, guidées sont nos envies.
Panurge télévision, on suit comme des moutons.
Une cervelle de moineau ça ne vole pas bien haut.
Tu votes ce que tu peux et tu te mords la queue.
Les serpents à sornettes n'ont que les urnes en têtes.
Qui plume les pigeons récolte le pognon.
De mémoire d'éléphant, c'était pas mieux avant...
On voit sur les trottoirs le travail à la chaîne.
Des hommes prennent tôt ou tard
                           des femmes comme des chiennes.
Rusé comme un renard et tu prends le pouvoir,
Mais ce piège à souris peut te pourrir la vie...
On se bat comme des lions, on fuit comme des lapins.
L'un mange comme un cochon
                                et l'autre meurt de faim.
Faune et flore qu'on refoule ça donne la chair de poule.
Cornes sur la vertu, autruche, mais que vois-tu ?
Qu'on me juge, s'il le faut, au sein de ce troupeau.
Qu'on me traite de corniaud,
                            de doux comme un agneau,
Ou de phoque pourquoi pas.
                            Je les laisse faire leur choix.
Mais jamais je ne serai un coq sur le fumier !
J'ai plus une tête de mule, un côté incrédule,
Et j'ai donc le cafard quand je vois tous ces ringards,
Ces dindons de la farce, avaler des couleuvres.
La religion, la garce, n'arrête pas son œuvre...
Nous sommes des animaux,
Même sans poil sur la peau.
Et souvent ridicules, même sans plume dans le cul !

Jamais

Je suis avec toi comme dans un labyrinthe,
Je m'y perds un peu chaque jour,
Mais je me retrouve si bien dans tes étreintes.
Me perdre avec toi je suis pour.
Pour garder un mystère. Pour regarder en l'air.
Perdre un peu pied sur terre.
Rien d'acquis, tout à faire.

Jamais, jamais, jamais, jamais
Comme le fond de mes poches...

De toi découvrir quelques parties secrètes
Et moi en tirer de la fierté,
Mais je ne voudrais jamais toutes les connaître
Sinon qu'est-ce qu'il nous resterait ?
Un jeu qui se finit. La porte de sortie.
Routine midi/minuit.
Un avenir d'ennui.

Jamais, jamais, jamais, jamais
Comme le fond de mes poches...

S'aimer autant à quoi ça nous avance ?
Le temps n'est plus à la romance.
Ma tête, toute hirsute, qui pointe au saut du lit
Et toi pas toujours très jolie,
Mais t'es jamais la même. Mystérieux phénomène.
J'aime savoir qu'à jamais
Je ne te connaîtrai…

Jamais, jamais, jamais, jamais
Comme le fond de mes poches...

L'oiseau Dodo

Les quelques doigts de tes empreintes
Rallument un peu ta vie éteinte.
Quand j'y pense, ton nom me rappelle
Que t'es au repos éternel.

Boule de plumes sur béquilles,
Comme toi d'autres aussi vacillent.
Aucune chance, handicapés
Face à l'homme qui vient les frapper.

Dodo, l'oiseau les pieds sur terre,
Tes chants ne volaient pas bien haut,
Mais les fêlés qui t'ont fait taire,
Là-haut, mets-leur le bec dans l'eau !

Ce jour-là, tu ne t'es pas plaint.
T'as pris tes gros yeux de chagrin.
T'as attendu tes assassins. T'étais plus là le lendemain.

Dodo, à jamais endormi,
Pour la première fois de ta vie
T'as déployé vers l'infini
Tes ailes qui n'ont jamais servi.

Dodo, l'oiseau les pieds sur terre,
Tes chants ne volaient pas bien haut,
Mais les fêlés qui t'ont fait taire,
Là-haut, mets-leur le bec dans l'eau !

Combien de familles, aujourd'hui,
Espèces d'animaux, végétaux,
Poussés vers la porte de sortie,
Ont déjà leur " sac à dodo "...

Je fais ce que je veux

Ça commence dans les bras de sa mère
Quand il jette son biberon par terre.
Il grandit et ses caprices autant,
C'est du fil à retordre aux parents.

" Je fais ce que je veux, où je veux, quand je veux ! "

Où il passe, l'opposition trépasse.
Il en jette par sa stature, sa classe.
Il suit les règles de société
Qui ne nuisent pas à ses intérêts.

" Je fais ce que je veux, où je veux, quand je veux ! "

C'est en petit parrain qu'il spolie,
Fume chez les non-fumeurs, l'impoli.
Dans la gêne il n'y a pas de plaisir,
Pour lui c'est interdit d'interdire !

" Je fais ce que je veux, où je veux, quand je veux ! "

Pourquoi ces gens veulent-ils l'arrêter ?
Il n'a pas dû bien les... parrainer.
Un peu saoul, il s'enfuit, merde au stop !
Pas tout seul, de la mort il écope...

La liberté s'arrête où commence le respect...

Mets-le en marche

L'inspiration serait, d'après Ravel,
La récompense du travail quotidien.
Ton esprit amorphe attend l'étincelle
Quand les bombes rythment le quotidien.
Le marasme des hommes, la haine des hommes,
Inhibent ton esprit las du sang qui passe.
Prends un sujet sur les fléaux,
Ces vices aux formes déployées
Qui font faire dans leur bas du dos
Toutes les couches de la société.
Prend un sujet sur la misère, principal trait de caractère
D'une ère glauque en manque d'air
Où étouffent les contestataires.
Prend un sujet sur la grandeur,
D'un dieu ravi par des pantins
Qui tirent les ficelles de l'horreur
Depuis que l'Homme est un malin.
Prends un sujet sur le sexe,
Qui scandalise, trouble ou vexe,
Les puritains qui bandent leurs yeux.
Chien entre jambes cache sa queue...
Ou un sujet sur une chanson
Qui, résignée, cherche un sujet
Parmi les sujets de chansons mille et mille fois répétés.
Un de ces sujets c'est l'amour,
Ce plaisir qui court, qui court.
Il court beaucoup dans les chansons,
Ailleurs fait preuve de discrétion.
Refais le monde en une page.
Que ton esprit s'anime de rage !
Mets-le en marche, en marche, en marche, en marche !

Vis ! Yeah ! Yes !

Encore souvent pleine de délicatesse
Envers ceux qui vivent le temps des prouesses,
Mais qui souvent oublient de l'emmener,
La range à l'étroit en coin de cheminée.
Après qu'elle ait franchi tellement d'années
Et vécu insolemment tant d'histoires,
Je la voudrais tranquille et soulagée
D'être devenue elle-même une histoire.

Creusée d'un relief sans user d'une lame,
Le regard fixe et usé par les larmes,
Ses lèvres sans cesse l'une à l'autre se tendent.
Sans doute une prière qu'il faut y entendre.
Elle est comme une cours d'école sans enfant
Balayée de petits vents tourbillonnants,
Tentant courtoisement d'offrir une chance
A des feuilles privées de toute pitance.

Laisser une trace, un souvenir, un fossile,
Mais elle s'endort sur une pierre marbrée.
Elle prendra donc le chemin de l'exil
Vers le loin pays des mémoires trouées.
Omniprésente, je suis dans son couloir.
Un crépuscule et peut-être le noir...
Je ne l'aime pas et pourtant je l'espère,
Même si demain me fait pleurer hier.

Là, je la vois courbée sur une canne.
Celle-ci l'aide à refaire un état d'âme.
La face est déjà ridée par les âges,
Vieillesse, t'es là pour les bagages.

La huitième des merveilles

A se comparer, à se mesurer,
Obtient-on la grâce d'être bien aimé ?
Ils sont sept dans la famille des merveilles.
Tu brilles autant qu'eux, autant qu'un soleil.

J'ai pas eu besoin d'une pyramide
Pour mon ascension vers toi ma lumière.
Chéops en a une, c'est un invalide,
Son âme a-t-elle pu traverser la pierre ?

C'est comme une épreuve de " l'anti-quitter "
Où me confronter pour mieux te garder.
Tu es mon repère ; phare d'Alexandrie.
La flamme qui t'habite ce qu'elle m'attendrit !

Jardins suspendus, ceux de Babylone,
Ne suspendront pas notre floraison.
Tu n'y verras pas l'amour qui foisonne,
C'est du tape à l'œil, garde la raison.

Je n'ai connu qu'en livres l'histoire de ces merveilles.
L'amour, notre richesse, serait un monument.
M'offriras-tu de vivre la huitième des merveilles,
Mes trésors de caresses en guise d'émoluments ?

Ballade en forêt, on pourrait croiser
Déesse Artémis, son temple est plié.
Si elle te voyait, elle te chasserait.
Tu fais des envieuses, tu es en beauté.

Puisqu'on est lancés, il faut que l'on passe
Par un mausolée, un d'Halicarnasse.
Pas question qu'avec le roi tu trépasses.
Mon amour vivant, je cède pas ma place.

Et voilà qu'à Rhodes, je repousse Hélios :
" Dégage avec ta stature de colosse !
Tu vas prendre une flèche, ne rêve pas de noces,
Je la partage déjà avec dieu Erôs. "

A la barbe de Zeus, quand je t'ai soufflée,
Il s'est déchaîné pour me foudroyer,
Mais il a fait une chryséléphantine.
Pour toi les dieux font des crises enfantines.

Je n'ai connu qu'en livres l'histoire de ces merveilles.
L'amour, notre richesse, serait un monument.
M'offriras-tu de vivre la huitième des merveilles,
Mes trésors de caresses en guise d'émoluments ?

Coincé, p'tit lapin !

Il se lève sans faim à six heures du matin.
Il se lève sans fin, cinq sur les sept matins.
Il a les yeux très loin et il ne pense à rien.
Il a les yeux pochés, la fatigue empochée.

C'est la fin de semaine, viendra vite la prochaine.
Le train roule sur les rails. En route pour le travail.
L'œil ouvert ou fermé, d'un ras-le-bol cerné,
Il se pince le menton, c'est son occupation.

La secte de l'emploi sur lui a bien des droits,
Lui tient le bout du nez pour le faire avancer.
Côte à côte, coude à coude,
Cul à cul, bouche à bouche,
Il faut coûte que coûte
Voyager à touche-touche.

Un parfum abondant,
Horrible, incommodant.
Senteur d'ail ou d'oignon
Ou d'un manque de savon.
Senteur d'estomac vide.
Œsophage putride
D'alcoolique bancal,
De fumeur matinal.

Coincé, p'tit lapin !
Coincé, p'tit lapin !
Comme tes doigts sur la porte
Du métro qui t'emporte.

La joie dans les yeux

Quel vecteur délicieux
Cette joie dans leurs yeux
Vers ces Noëls heureux
Que nous vivions comme eux.
Les lumières informaient
D'un jour particulier.
Les cadeaux confirmaient
Qu'on pouvait s'emballer.

L'émotion des enfants
Fait vibrer l'atmosphère.
Des ondes témoignant
D'un paradis sur Terre.
Les parents ont le message,
L'envoient à Barbe blanche,
Puis rêvent d'enfants sages
Après cette nuit blanche...

Il peut, ce petit bonhomme
Qui fait rêver les mômes,
Donner une plus-value
A des poupées toute nues.
Il nous pince le cœur
De ses petits doigts... donneurs,
Et nous, en réaction,
Bouche bée et yeux ronds !

La joie dans les yeux,
C'est au moins ça de pris.
La joie dans les yeux,
Noël nous l'a appris.

Quand la femme...

Et d'abord qui vraiment de l'homme ou de la femme
A été le premier à faire naître corps et âme ?
Selon certains avis, l'homme a plutôt la côte...
Réfléchis crâne d'œuf, il pond pas comme une cocotte !

Et quelles mauvaises langues
                        se moquent et voient danger
Quand une femme au volant emprunte la chaussée !
Si clignotant à gauche quand direction à droite
C'est pour vous dérouter, circulez phallocrates !

Certaines, en une nuit, prennent quatre cent kilos.
" Viens te coucher ma puce… " /
                        " Lève-toi grosse vache ! "
La femme a deux hormones,
                    l'homme une seule : la testo.
Et c'est celle qui souvent fait de lui une tâche...

Disons qu'elle en marre d'être martyrisée.
C'est pas dans les biceps qu'elle a beaucoup stocké.
Certains voudraient faire croire
                que toutes les femmes sont " blondes ".
Elles ne sont pas dindes, mais farcies d'idées fécondes.

L'homme sait bien faire la roue
                    pour une roue de secours...
Des voitures, des bijoux, le grand jeu, de l'humour.
Le tour était joué, la roue tourne aujourd'hui.
La femme indépendante est maîtresse de son lit.

Pour plaisir partager, elle se met en valeur.
Elle s'habille sexy, pour les yeux quel bonheur !
La siffler comme un chien, quel manque de respect !
Un chien au féminin, c'est comme ça qu'elle te plait...

Le don de dame Nature est plutôt renversant.
En versant du sang pur, elle fait tout déborder !
Et qui a mal au ventre ? Quel contexte blessant !
Outre notre abstinence... elle souffre et ça se sait !

Grimper des échelons ou pas se faire sous-payer,
Souvent fatale façon : sous le bureau passer...
Pour mieux te voir, ma belle,
                              te prendre dans mon cœur,
Je n'étire pas mon cou, j'offre humblement des fleurs.

Quand la femme nous entoure d'une variété d'amour,
Qui donc est médisant, bourru et insolent ?
C'est pas moi, c'est pas moi ! Je n'oserais pas ça !
C'est pas moi, c'est pas moi !
                              Je l'aime comme il se doit !

Renaissance

Je tire les ficelles de ma vie,
Me mettant nue, jetant mes fripes.
Je mène moi-même ma symphonie
Du geste sûr qui m'émancipe.

Je laisse pour morte ma première peau.
Je repars libre et à zéro.
Je chevauche mieux ma destinée
Sur la poussière de mon passé.

Ras le bol, marre de ce coin sombre
Qui n'est pas moi, non, pas pareil.
Je découpe la base de mon ombre
En m'entourant de mille soleils.

Je détends la corde et du coup
Je respire mieux pour mieux jouer
D'une harpe signant le redoux,
Les contretemps rythmant les souhaits.
Tout sera fait pour décoller
Ce chewing gum mou sous la semelle.
Méli mélo de guigne, comptez
Que ça s'démêle si l'on s'en mêle.

D'avoir rampé désenchantée,
Je jouis du danser déhanché,
Les cuisses en V, les cuisses en vie,
Comme la naissance qui a suivi.

Squelette pressé qu'on le dégage,
Parez-le de flammes et feuillage
Comme une fête qui s'éternise
Avec des présents, des surprises.

Vous ne savez pas

Vous lui serrez la main quand vous me déposez.
Parlez de tout de rien et parfois plaisantez.
Vous me lâchez la main avant de m'embrasser.
Un baiser de la main, demi-tour, vous partez.
Je ne me sens pas bien. S'il vous plait revenez.
Sans me toucher sa main m'empêche de hurler.

C'est là que vous ne savez pas
Le grand silence autour de moi.
C'est là que vous ne savez pas
Le temps beaucoup trop long pour moi.

Les bruits autour de vous ne regardent que vous,
Mais pour moi revenez, c'est pas vous qui voyez !
Même pas sa mascarade et mon air effacé,
Cette horrible charade, ce poids que j'ai charrié.
Mon tout est bien caché, tant mieux vous trouverez pas.
J'ai peur de bouleverser notre vie à cause de moi.

C'est là que vous ne savez pas
Le grand silence autour de moi.
C'est là que vous ne savez pas
Le temps beaucoup trop long pour moi.

Ça fait quelques années, aujourd'hui vous savez.
Une écorce entaillée, une trace à jamais.
On la croirait discrète, mais elle divise ma tête.
Allons-y les enfants, mais sans gloire de nos grands !

T'avais pas l'droit

Sur une marche de l'escalier,
Je passe du temps les larmes aux yeux.
Voilà vingt jours t'as laissé un mot pour me dire adieu.
J'ai décortiqué l'écrit comme un psycho-graphologue.
J'ai hurlé : " Je suis maudit ! "
J'ai pris ma tête de bouledogue.
Ma plante unique est déjà
Comme un drapeau est en berne.
Elle a soif, c'est moi qui bois,
On a tous les deux des cernes.
Ton oreiller a perdu la marque de ton occiput.
J'ai mis le mien par-dessus, j'te pensais pas aussi pute.

Le grille-pain a fini par se remplir de carbone.
Cent fois le pain j'ai remis,
Quand j'pense à toi, je déconne.
T'as oublié quelques jupes et j'y rentre à l'occasion.
C'est pas toi, je suis pas dupe,
Mais n'serais-tu qu'illusion ?

T'es d'retour dans l'escalier,
Pile sur la marche que j'aime.
J'étais tranquille, je savais…
T'aimes trop quand j'te dis je t'aime !
Allez rentre, on va se prendre un café pour oublier.
J'aimerais tellement te prendre
Par la taille pour mieux t'aimer…

T'avais pas l'droit, j'suis maladroit.
Je ne sais rien faire tout seul.
Comment faire nos enfants sans toi ?
Je ne sais rien faire tout seul.

Plus belle qu'une bataille

Plus protectrice qu'une tranchée.
Plus effilée qu'une baïonnette.
Plus résistante qu'un bouclier.
Mais plus sensible qu'une gâchette.
Plus tranchante qu'une épée.
Plus rentre-dedans qu'un bélier.

Plus rassurante qu'un éclaireur.
Plus porte-bonheur qu'un fer à cheval.
Plus douloureuse qu'une blessure.
Plus elle s'éloigne plus ça fait mal.
Mais plus douce qu'une infirmerie.
Plus elle est proche plus on guérit.

Plus déroutante qu'une ornière.
Plus dirigeante qu'un colonel.
Plus solidaire que solidaire.
Plus dynamique qu'une étincelle.
Plus clairvoyante qu'une longue-vue.
Plus explosive qu'un obus.

Plus belle qu'une bataille,
Le V de victoire et de vie,
Pour elle je suis de taille
Même le pire des jours me ravit.
Plus belle qu'une bataille,
Elle peut me prendre à bras le corps,
A nous l'amour sans faille
Même s'il est comme une guerre sans mort.

Au nord de la Corée

Mon grand-père me disait,
Quand je pleurnichais :
" Je vais t'envoyer
Au nord de la Corée ! "

" Doit-on se contenter
De ce qu'on a obtenu ?
Faudra-t-il batailler
Même pour rien, par abus ?
Est-ce qu'on est prisonniers
De nos mines renfrognées ?
Est-ce de barreaux dorés
Qu'on veut se libérer ? "

Mon grand-père me disait,
Quand je pleurnichais :
" Je vais t'envoyer
Au nord de la Corée ! "

" Partout tout est question
De relativité.
T'es pas content, t'es contre tout. Quel révolté !
De mon temps, t'aurais vu,
Il fallait pas broncher.
Pour des congés en plus
Tu fais grève, tu fais chier ! "

Mon grand-père me disait
Quand je pleurnichais :
" Je vais t'envoyer
Au nord de la Corée ! "

Les mains sur nos hanches

Je serai arbre, tu seras feuille,
Pour un printemps perpétuel.
Tu seras noisette, moi écureuil
Pour te croquer par temps de gel.
Tu seras nuage, moi parapluie
Pour m'ouvrir à tes larmes de joie.
Je serai drap, tu seras lit,
Pour réchauffer ton corps froid.

Tu seras montagne, je serai torrent
Pour caresser tes formes ondulées.
Tu seras eau, je serai ciment,
Confiance en nous sera scellée.
Je serai bateau, tu seras ancre,
Plonge quand tu veux, changeons de coin.
Je serai plume, tu seras encre,
Pour dessiner d'une seule main.

Tu seras bocal, je serai poisson,
Pour se connaître sans secret.
Tu seras mer, moi horizon,
Pour que nos yeux aient le même reflet.
Je serai chien, tu seras laisse
Pour me guider dans mes errances.
Notre amour grandira sans cesse,
Il sera en or, pas en faïence.

Nous allons vivre les mains sur nos hanches
Une vie volant de branche en branche.
Je serai marteau, tu seras clou,
Pour t'enfoncer plus profond en mon cœur. On se
pendra à nos cous, parfois en rire parfois en pleurs.

J'avais pas vu la rose

J'avais pas vu la rose
Qui poussait sous mon pied.
Il m'a suffi d'une dose,
Son parfum m'a shooté…
Chanter la révolte, les critiques.
Chanter les galères, les ratés.
Chanter les souffrances, le tragique.
J'en ai marre, je voudrais arrêter.

Je vais jouer dans la gaieté.
Je vais jouer à l'optimiste.
Je vais jouer à démonter
Les idées qui me rendent pessimiste.

Je vais tracer des voies d'accès
Pour que chacun vienne respirer
L'amour qui sera exporté,
Partout gracieusement replanté.

Que c'est beau la vie, l'amitié.
C'est beau la nature, le progrès.
C'est beau les enfants, l'avenir.
Je ne vois pas qui peut me faire mentir.

Je m'éloigne un peu de ma fleur.
J'allume la télé, je prends peur.
Je tire les volets car j'entends
Tellement de cris portés par le vent.

Chanter la révolte, les critiques.
Chanter les galères, les ratés.
Chanter les souffrances, le tragique.
Je reprends où je me suis arrêté.

Une pierre à l'édifice

Chez toi tout marchait, la tête et les pieds,
Et tu avançais toujours pour aider.
Non, de pierre ton cœur n'a jamais été.
De pierres tu n'aurais jamais lapidé.
En homme de terrain tu savais creuser.
Tu ne voyais toujours que les bons côtés
De ceux qui pour toi sans doute méritaient
Qu'on en prenne soin, qu'ils soient abrités.

Pour nous à jamais canon de bonté,
Tant pis si tu n'es pas canonisé.
Tu étais premier dans le cœur des français.
Comme d'un haut-parleur de ça tu te servais.
Ça donnait du poids à tous tes projets
Pour impliquer même les plus réservés.
Pour t'enrichir t'en n'as pas profité.
Par ton nom d'emprunt t'as beaucoup donné.

Ton air de repos nous a apaisés.
Tu respirais tant la sérénité.
T'as été souvent bouffée de sauvetage,
Car l'Homme est pécheur et fait des naufrages.
Quand t'as commencé t'as ouvert ta porte
A des expulsés de la société,
Puis c'est ta G.G., d'une manière forte,
Que t'as fait entendre, bien loin de l'été...

L'abbé Pierre, tu as posé une pierre à l'édifice
D'une fondation imposée par une aile de l'injustice.
Ensuite tu nous as laissés ici-bas dans de beaux draps,
Et grâce à tes héritiers on reste à l'abri... sans toi.

Foutu karma

J'ai pas encore la chance de connaître l'amour.
Je m'entraîne pourtant pour réussir un jour.
Quand chez moi vient une femme,
                            ça c'est pas tous les jours,
Soit je rate mon coup, soit je passe mon tour !
L'une d'elles, dans l'action, laisse aller un soupir.
Je suis sûr qu'elle s'ennuie, mais je la vois sourire.
Le vent a donc tourné, mais dans une randonnée
Un cheval perd son fer. Est-ce un porte-bonheur
Et pourrait-il m'aider à garder ma fiancée ?
Je ramasse l'objet... l'objet de ma douleur
Car dans ce temps la bête me sabote le nez,
Et mon amie me laisse, me traitant de benêt.

J'ai un foutu karma,
J'ai pas la baraka.

Je suis privé d'atout dans tous les clubs privés.
Ma tête ne revient pas aux colosses de l'entrée.
Si la chance appartient à ceux qui la provoquent,
En forçant le passage voyons si ça débloque...
Je rêve de m'imposer en forçant le respect,
Au contraire je me fais bien refaire le portrait.
Chirurgicalement les coups sont bien portés
Puisqu'une dent sur deux dans l'histoire a sauté.
Je rentre alors chez moi, ramolli, je me traîne,
Mais l'image du miroir me dit : " N'aie pas de peine,
Tu arbores, à présent, les belles dents du bonheur ! "
Putain qu'ça fait mal ! C'est quand les jours meilleurs ?

J'ai un foutu karma,
J'ai pas la baraka.

La justice non plus n'est pas tendre avec moi.
Les peines maximums, tous les torts contre moi.
Les circonstances jamais ne sont atténuantes
Et pourtant mes délits sont des œuvres inconscientes.
Sans préjudice grave, autrement qu'à ma perte,
A mon dernier procès je n'aurais pas dû, certes,
Mais c'était pour la chance, non pas pour offenser…
Elle était encore chaude et je l'ai fait exprès,
J'ai marché du pied gauche dans la merde d'un chien !
Ça sentait le roussi, ça puait, quel pétrin !
Justice à deux vitesses a vite fait de trancher
Et j'ai pris la malchance à perpétuité.

J'ai un foutu karma,
J'ai pas la baraka.

Un soupçon d'idée

D'abord fut le temps où vous ne pensiez qu'à jouer,
Chacun dans son camp sans savoir que l'autre existait.
Vos parents, sûrement, ne vous laissaient pas respirer.
Les évènements, ils les ont beaucoup déclenchés.
Des séjours forcés où vous ne vouliez pas aller,
Alors vous boudiez, c'est jamais vous qui décidiez.
Mais en fin de compte, en général, on s'en sort bien.
Très vite on surmonte, on se fait de nouveaux copains.

Vous en aurez croisé des routes,
Vous en aurez creusé des doutes,
Depuis l'époque où je n'étais
Même pas un soupçon d'idée.
Et j'imagine vos aventures,
Etranges racines de ma nature,
A cette époque où je n'étais
Même pas un soupçon d'idée.

L'émancipation, c'est pas non plus la liberté.
L'amour, la passion, il parait qu'il faut s'en méfier.
Quelques déceptions, à jeter ou se faire jeter.
Quelques décisions, en être fier ou regretter.
La vie vous tenait avec sa signalisation,
Ses priorités qui vous montraient la direction.
Chaque pied posé tâtonnait pour vous rapprocher.
Chaque dos tourné était pour qu'un jour je sois né.

Vous en aurez croisé des routes,
Vous en aurez creusé des doutes,
Depuis l'époque où je n'étais
Même pas un soupçon d'idée.

Exception

Y'en a marre des bijoux, des cailloux,
Pierres précieuses ou sans aucune valeur.
Pluriel en " x " pour se moquer de nous,
C'est nul, pourquoi apprendre ça par cœur ?

On perd trop de temps à les apprendre
Tous ces mots, hors des sentiers battus,
Qui nous prennent vraiment la tête pour rien.
Si on les largue, est-ce qu'on est foutus ?

Exception quand on l'est dans la vie,
On kiffe ça quand c'est bon !
Exception j'te veux hors de ma vie,
Je kiffe pas quand c'est con !

Mais qu'ont-ils de si exceptionnel ?
Sont-ils mieux que les autres ou moins bien
Quand ils sont différents pour si peu ?
Oui, franchement, ils ne servent à rien !

Sont-ils une richesse les " bijouxe ",
Et cassent-ils la baraque les " caillouxe " ?
Est-ce que ça nous ferait mal aux fesses
Si au cul on leur collait un S ?

Exception quand on l'est dans la vie,
On kiffe ça quand c'est bon !
Exception j'te veux hors de ma vie,
Je kiffe pas quand c'est con !

L'ado adore

Une influence subliminale…
Un déclenchement hormonal…
Ses vêtements sont différents,
Sa coupe de cheveux plus comme avant.
Il peint sa vie avec des films
Qu'il se fait aux couleurs show-biz,
Et quand il frise la déprime
Parfois des plans soft suffisent.

Histoire de culte, histoire de fresque,
L'ado adore, l'ado adore.

Dans une transition difficile
Il perd une face sans être pile.
Ces posters collés sur son mur,
Autant de miroirs qui rassurent.
Sur une photo, une effigie,
Il l'embrasse ou s'identifie.
C'est son étoile du berger,
Sa star qui vient l'illuminer.

Bonjour l'adulte, adieu l'enfance.
Les seins qui poussent, la voix qui mue.
Le " sexe-appel ", v'la l'attirance...
Pas sage, avide, l'amour se rue.
Il veut aimer ou ressembler.
Il n'se sent plus, il se sent presque,
Il a du mal à se traîner,
Mais ses modèles sont gigantesques.

Histoire de culte, histoire de fresque,
L'ado adore, l'ado adore.

Le couteau dans la plaie

J'admets que ce fut une faiblesse
D'avoir cédé à la tentation.
N'était-ce pas encore une faiblesse
De t'avouer cette relation ?
J'ai pris mon pied à contrecœur
Puis à contrepied le bonheur.
Pourquoi remettre sur le tapis
Ce que tu dis avoir pardonné
Alors que je t'ai juré promis
De ne jamais recommencer ?
Toutes ces longues années, depuis,
L'auraient sûrement enterrée.

Me jalouses-tu de l'avoir fait
Parce que tu n'as jamais osé
Ou tes reproches tant répétés
Cachent-ils dans mon dos ce que tu fais ?
Tu me fais me poser des questions
Qui consolident tes bastions.
Elle n'est pas plus dans mes pensées
Que celles qu'avant toi j'ai connues.
Dis-moi, toi, tes amours passées
Me couvrent-elles quand tu me vois nu ?
Sur ma peau elle n'est pas collée.
Ses griffures ont cicatrisé.

Je t'ai trompée, mais s'il te plait
Ne remue pas le couteau dans la plaie.
J'ai pris du plaisir, mais t'avoir vue souffrir m'a ensuite
blessé.
On ne va jamais en guérir si tu remues le couteau dans
la plaie.

De ces pages...

Elle vit ce qu'elle peut car il faut bien faire quelque chose.
Le bus, l'ascenseur et le hall d'entrée : overdose !
Son logement coquet c'est tout ce qu'elle peut supporter.
Sur un piédestal, au pied du lit, y'a la télé
Et ses émissions qui par sms se font du blé...
Y'a son téléphone fixe sur la table de chevet.
Pas de standardiste, il sonne pas toute la journée,
Mais quand elle décroche elle ne tient plus à raccrocher.
Régulièrement, elle va dans un kiosque à journaux.
Elle connaît les jours de sorties de ses magazines.
Elle est formatée par tous ceux qui font ce qu'il faut.
Elle vide son cerveau, mais les conneries emmagasine.

De ces pages est en marge le ménage, les étages, le tapage, les nuages et son âge.
Le pointage, surmenage, l'étouffage, gaspillage, son mariage, cocuage et sa rage.

Et même si elle sait que c'est pas son fard à paupières
Qui peut lui donner l'espoir d'être un jour populaire,
Devant son miroir elle s'amuse un peu, elle se grime,
Elle rêve un instant puis elle efface... à quoi ça rime ?
Dur de cumuler dans sa vie deux grandes fonctions :
Etre mère et commère. Elle néglige donc une tâche...
L'essence est ailleurs, le moteur de sa vie, l'onction,
C'est de faire circuler l'info fut-elle futile ou trash.
Le grand paradoxe c'est que malgré ça elle les plaint.
Malheureuses vedettes tous les jours " paparazzitées ",

Mais l'homme qui a vu l'ours c'est concret caméra au point.
Ah, si elle pouvait avec Big Brother se maquer.

De ces pages est en marge le ménage, les étages, le tapage, les nuages et son âge.
Le pointage, surmenage, l'étouffage, gaspillage, son mariage, cocuage et sa rage.

Toute petite c'était son époque poupées et peluches.
Aujourd'hui grandie elle se frotte au show-biz et potiches
Par le biais d'articles qu'elle adore, dévore, qu'elle épluche,
Pour le croustillant qui n'est pas toujours sur l'affiche.
Saisir l'occasion, salles d'attente ou chez les copines,
Pour approfondir sa culture people en lecture.
Et qu'importe si des amis rient d'elle et la chine.
Qu'elles soient lourdes ou fines de ces moqueries elle n'a cure,
Mais elle peut craquer et sur cette fameuse phrase fatale :
" On n'en ferait plus si personne ne les achetait ! "
Là, elle se rebiffe, elle renvoie d'un air triomphal :
" Si y'avait pas des cons pour les faire, y'en aurait pas pour les acheter ! "

De ces pages est en marge le ménage, les étages, le tapage, les nuages et son âge.
Le pointage, surmenage, l'étouffage, gaspillage, son mariage, cocuage et sa rage.

Tu croyais quoi

Tu m'as pas bien regardé.
T'es pas devant la télé.
Faut pas m'idéaliser.
Regarde-toi m'écraser.
Et plus tu vas m'aduler,
Et plus tu vas m'exalter,
Plus je me sentirai petit
Aux pieds de mon faux génie.

Tu croyais quoi de moi, dis-moi,
Tu croyais quoi ?
Tu croyais quoi de moi, dis-moi ?
Je ne vaux pas mieux que ça.

Tes rêves accent circonflexe
Ne sont pas à ma mesure.
J'y traîne mon âme sous latex,
J'essaie d'y faire bonne figure.
T'as juste une marche à descendre
Ou bras d'honneur à me tendre
Pour que je reprenne ma place,
Que je me revois en face.

Tu croyais quoi de moi, dis-moi,
Tu croyais quoi ?
Tu croyais quoi de moi, dis-moi ?
Je ne vaux pas mieux que ça.

Le pianiste a bon dos

C'est l'histoire de ce dos qui cache un bout de piano,
Qui cache aussi des doigts agiles entre les do.
C'est l'histoire d'une personne qu'on dirait impolie
En d'autres circonstances, là non, on est tout ouïe !

Sans demander pardon il nous tourne le dos.
En plus d'avoir un don, le pianiste a bon dos.

Il est l'étoile du jour qu'on appelle Soleil.
Il s'éclipse humblement quand nos voix se réveillent.
Et nous apparaissons quand il ouvre la nuit,
Tellement petits au fond... qu'on se met devant lui.

Sans demander pardon il nous tourne le dos.
En plus d'avoir un don, le pianiste a bon dos.

Il reste là derrière, rythmant le cours du temps.
Elastique, acrobate, il le plie, il le tend.
Paradoxalement, dans sa lumière on rêve,
C'est quand il a chauffé que cet astre se lève.

Sans demander pardon il nous tourne le dos.
En plus d'avoir un don, le pianiste a bon dos.

La balle est dans tous les camps

Les yeux mi-clos, je fais un songe,
Je m'y vois muni d'une éponge.
Je la trempe au milieu de la mer
Puis, je frotte, je frotte la Terre
Pour y effacer chaque frontière.
Il manque une touche à ce parterre :
Mon but est le mélange des couleurs.
J'en brasse hommes et femmes en demeure.

Oui, la balle est dans tous les camps
Pour unir les teints, les talents.
Ainsi les peuples font la ronde,
Tout le monde est champion du monde.
Chacun son tour d'être gagnant.
La bonne étoile est là-devant.
Quand on perd ça n'a rien d'immonde
Si l'amour peut gagner le monde.

Grâce au malin, au sang arménien,
Et au gros cœur, au sang ghanéen,
Au joli cœur, au sang argentin,
A l'enjôleur, au sang algérien,
Aux antillais, pas venus pour rien,
On a filé dans le bon chemin.
Ensemble, enfin, les canaques du globe
Sifflent la fin des xénophobes.

Oui, la balle est dans tous les camps
Pour unir les teints, les talents.
Ainsi les peuples font la ronde,
Tout le monde est champion du monde.

Chacun son tour d'être gagnant.
La bonne étoile est là-devant.
Quand on perd ça n'a rien d'immonde
Si l'amour peut gagner le monde.

Si la Terre est née dans la fusion,
Le métissage a de bonnes raisons.
La victoire est cosmopolite,
La couleur ne fait plus l'élite.
Le jeu c'est se jouer des différences.
On y gagne à majorer sa chance.
Pour tirer, il vaut mieux un ballon.
Les fusils, ça fait pas tourner rond.

Oui, la balle est dans tous les camps
Pour unir les teints, les talents.
Ainsi les peuples font la ronde,
Tout le monde est champion du monde.
Chacun son tour d'être gagnant.
La bonne étoile est là-devant.
Quand on perd ça n'a rien d'immonde
Si l'amour peut gagner le monde.

Et l'on s'aime, voyez-vous

Personne ne l'a jamais vu,
Mais on le craint et c'est tout !
Personne ne l'a entendu,
Mais on se tait et c'est tout !

Les délices qui nous entourent
Sont sûrement nés de sa main.
Il attend qu'à notre tour
On s'occupe de son jardin.

" On se doit de vous aimer sans condition.
Des autels sont complets d'adoration.
Et l'on s'aime, voyez-vous, pas de mal entre nous !
Bouts de nez tenus par ce grand mystère,
On fait tout ce qu'on peut, tout pour vous plaire.
Et l'on s'aime, voyez-vous, pas de mal entre nous ! "

Le confiseur est divin,
Il sème sur notre chemin
Des douceurs qui font du bien.
Sommes-nous maîtres de nos destins ?

Des douceurs à tête nue
A celles coiffées d'un papier,
Les disciples de l'Inconnu
Savent séduire notre palais.

" On se doit de vous aimer sans condition.
Des autels sont complets d'adoration.
Et l'on s'aime, voyez-vous, pas de mal entre nous !
Bouts de nez tenus par ce grand mystère,
On fait tout ce qu'on peut, tout pour vous plaire.
Et l'on s'aime, voyez-vous, pas de mal entre nous ! "

Incapable

Il est né près d'un bas-côté,
Sa mère couchée dans un fossé,
Ronde en un sens comme dans l'autre.
Il n'était ni dieu ni apôtre, un enfant plutôt malvenu.
Pour elle l'amour c'est seulement nue.
Privé de la chaleur de ses bras,
Résigné, il baissa les bras.
A carreau, bien droit dans son coin,
Quand elle criait : " Tu ne vaux rien !
Incapable ! Tu es un incapable ! "
Oui, oui, maman je ne sais rien.
Oui, oui, maman je ne suis rien.
Je gâche ma vie chaque jour.
Je ne mérite pas ton amour.
Ne cesse pas de m'en priver.
Je suis con, vaincu et mauvais.
J'en arrive à me détester.
Je voudrais même me supprimer,
Te libérer de ce souci pour que tu apprécies la vie.
Incapable, je suis un incapable.
Il vécut en gêneur gêné,
Ecrasé pendant des années,
Mais un jour, il n'a rien compris,
Une fille a changé sa vie.
Au moins que rien qu'il se croyait
De la veine elle a redonnée,
Du sang neuf, des sens inédits,
Si bien qu'il en restait interdit.
Pourtant il n'oubliera jamais
Celle qui sans cesse lui répétait :
" Incapable ! Tu es un incapable ! "

C'est moi son amoureuse

Je remets d'une main en ordre ma coiffure,
Mais ce geste anodin ravive une blessure.
Hier encore ma main perdue dans ses cheveux
Ignorait qu'un matin partirait l'amoureux.

Mais cette nuit encore on sera tous les deux.
Je vais rêver très fort ma façon d'être heureuse.
Si d'autres aiment son corps ça n'a rien de fâcheux.
Toute la nuit, quand je dors, c'est moi son amoureuse…

Je n'ai plus que mes yeux à voir dans le miroir.
Je connaissais bien mieux l'éclat de son regard.
Eblouie, trop émue par ce bonheur suprême,
Peu avant j'avais vu dans ses yeux des " je t'aime ".

Mais cette nuit encore on sera tous les deux.
Je vais rêver très fort ma façon d'être heureuse.
Si d'autres aiment son corps ça n'a rien de fâcheux.
Toute la nuit, quand je dors, c'est moi son amoureuse…

Il est comme une comète qui caresse les planètes,
Illuminant leur ciel quand il passe près d'elles.
Il est une menace, on ne connaît pas l'impact.
L'aimer laisse des traces. Il s'en va, change d'acte.

Mais cette nuit encore on sera tous les deux.
Je vais rêver très fort ma façon d'être heureuse.
Si d'autres aiment son corps ça n'a rien de fâcheux.
Toute la nuit, quand je dors, c'est moi son amoureuse…

Et alors

Désolé, je ne t'aime plus du tout.
Je pensais pas te rendre fou.
Tu t'énerves, tu veux tout casser,
Tu menaces même de te tuer.
Partir comme ça c'est pas malin.
Pire si tu en fais du chantage.
T'as des réactions de gamin,
Tu m'avais caché ce visage.
Tu nous vois pas devenir poteaux,
Chacun quelqu'un d'autre à son bras.
Tu te vois mieux contre un poteau,
Alors vas-y, écrase-toi !

Merci ! Avant que je m'engage,
Tu m'as montré que du courage
Tu n'en as pas dans les coups durs.
P'tit mec, tu manques de carrure !
Ça ne te dérangerait pas,
Si j'ai bien compris ton manège,
De passer ta vie avec moi,
Malheureuse et prise à ton piège.
Tu dis m'aimer à la folie,
Que tu es prêt à tout pour moi.
Si tu veux combler mes envies,
Fais-moi plaisir... oublie-moi !

Tu comprends pas que c'est fini
Et tu préfères en faire un drame.
Et alors... et alors... et alors...
Tu crois que faire couler ton sang
Est plus viril que quelques larmes.
Et alors... et alors... et alors...

Un truc en plus

Maman ne t'attendait pas comme ça.
Ta place n'était pas réservée,
Mais elle t'a fait une place de choix.
Dans son cœur tu peux t'égarer.
On t'a dit, avant de sortir,
Vas-y, tu comptes jusqu'à vingt.
A hésiter, à réfléchir, t'étais déjà à vingt-et-un…

Tu viens d'ailleurs, d'ailleurs tu viens
D'un monde meilleur, mais t'en dis rien.
T'en gardes des signes particuliers,
Des petites mains pour cajoler.
Ami de tous et très jovial,
T'es un garçon phénoménal.
Tu échappes au moule du " normal ".
Tu as le charme d'un marginal.

Des crétins n'ont rien remarqué.
Malicieux l'un d'eux m'a lancé :
" Si tu pouvais changer ta vie,
Qui serait le premier sorti... ? "
J'ai pensé à toi bien plus fort
Car ça m'a fait mal tellement !
Dans ma vie tu es un point fort.
Je ne la vois pas autrement.

Ici tu as un truc en plus.
Trop d'Hommes ont une case en moins.
Sous le poids des coutumes des us
Tu prends l'apparence d'un terrien.
Mon frère descend de son royaume.
Mon frère de sang n'est plus qu'un Homme.

Tout me revient

Qu'est-ce que tu fais là, si loin du passé ?
Je ne me souviens pas t'avoir invité.
Comme t'as su séduire la fille de ma vie,
Tu viens t'introduire dans ma nostalgie.
T'étais plus mon pote, j'ai cru te zapper.
Oubliés, l'un, l'autre, mais toi t'es resté.

Tout me revient,
J'ai le mal du passé.
Quel mal de chien,
A croire que ça me plait !

La fille de ma vie, je l'avais rêvée,
Beaucoup dans mon lit, un peu mariée.
Elle m'avait laissé tout envisager.
Oreiller pour deux, à vie amoureux.
Et puis, portnawak, l'amour se détraque.
Maintenant son come-back met mon cœur en vrac.

Tout me revient,
J'ai le mal du passé.
Quel mal de chien,
A croire que ça me plait !

On se prend les pieds dans des sentiments.
Souvenirs de bons ou mauvais moments.
Et là on prend l'eau, parfois même on pleure.
Ça picote la peau, ça picote le cœur.

J'ai tellement voulu y croire

J'en connais qui n'ont vraiment rien
Et dans leur tête c'est encore pire.
Ils se résignent à leur destin
Ou font de sales coups pour s'en sortir.

Mais celui que j'aime en a trop.
Sa réussite attire les filles.
Il en tombe tant qu'il lui en faut.
Je ne suis pas un jeu de quilles !

Alors je l'ai joué stratégique.
Je suis venue narguer le loup.
Et pour qu'à mon cœur il se pique
Je loupais souvent nos rendez-vous.

Bien sûr qu'ailleurs il s'amusait
En attendant de me croquer.
Je pensais que le jour où je gagnerais,
Toutes ces filles je les oublierais.

Je suis arrivée à mes fins. J'étais fière de vivre avec lui.
Mais notre aventure a pris fin lorsque sa nature l'a repris.

Il m'aimait comme toutes les autres,
Je n'ai su que l'apprivoiser.
Et si j'ai mal, c'est de ma faute,
On n'oblige personne à aimer.

J'ai tellement voulu y croire,
Mais en amour on ne se bat pas.
On ne commence pas une histoire
Si l'un des deux cœurs ne bat pas.

Si je baisse les yeux

Tu l'as laissée tomber, c'était pas évident.
Dans ton corps elle vivait, poudre au nez, bien dedans.
De cette poudre aux yeux apparaissent des rêves,
Si bien que peu à peu tu t'endors dans ces rêves.
Tu lui es dévouée, elle te prend par le bras.
Tes passions garrottées, elle te met bien au pas.
Chaque jour tu te piques pour voir si c'est réel.
Même pas mal quand tu piques, t'es qu'un sac de poubelle !
Mais tout ça, aujourd'hui, est bel et bien fini.
Si je baisse les yeux
C'est parce que je suis fière… de toi.
Si je ferme les yeux
C'est parce que tu es fort… crois-moi.
Pendant ce temps, en bas,
                          y'a tous les gens qui t'aiment,
Qui te savent si bas qu'ils se perdent en eux-mêmes
Car leur force n'est rien si t'y mets pas du tien,
S'ils ne tirent par la main qu'un malheureux pantin.
Mais t'as enfin largué les sirènes de l'amer,
De l'amer goût d'après des plaisirs insensés.
Mes paupières sont chargées
                          d'encore bien trop de peine
Pour déjà exulter, j'ai une joie sereine.
Mais tout ça, aujourd'hui, est bel et bien fini.
Si je baisse les yeux
C'est parce que je suis fière… de toi.
Si je ferme les yeux
C'est parce que tu es fort… crois-moi.
Car tout ça, aujourd'hui, est bel et bien fini.

Le gosse pèle

Ils étaient blancs comme Lagaff et son lavabo.
Leur môme chantait comme Stéphanie De Monaco.
Touchés par le film avec LA Whoopie Goldberg
    Ah oui, Ghost ! / Non, Sister Act !
L'envie soudaine d'être un noir comme Nino Ferrer.
    Il était noir ? / Non, c'est sa chanson !
Ils se dirent alors que c'est la couleur de peau
Qui donne cette voix puissante et ce grain si beau.
Ils mirent leurs espoirs sur leur blanc bec de garçon,
L'exposèrent des heures à cuire au soleil de plomb.
Dans un sale état, rouge vif comme un poivron,
Mais pas noir, ni gris comme l'Alien Mickael Jackson.
Quelques jours après, la cata, désillusion,
Il pelait partout, partout des pieds jusqu'au front.

    Chéri, réveille-toi, viens vite voir ça,
    Le gosse pèle ! Le gosse pèle ! Le gosse pèle !
    Jamais il n'aura de ces noirs la voix,
    Le gosse pèle ! Le gosse pèle ! Le gosse pèle !
    L'aurait mieux valu que j'épouse un noir !
    Le gosse pèle ! Le gosse pèle ! Le gosse pèle !
    L'aurait mieux valu que j'épouse une noire !
    Le gosse pèle ! Le gosse pèle ! Le gosse pèle !

Renié par son père et sa mère, parents si vils,
Il fut jeté dans la mouise, mais pas sur le Nil.
Enfant rabaissé, faute de n'être que lui-même,
Des enfants honteux il deviendrait le totem !
Il se chaussa bien et prit la route vers l'est.
Tenté de lui dire : " Allez va, cours, cours Forest !".
Suivant le courant, alternant les hémisphères,
    J'ai l'mal de mer...

Le monde tournait - Galilée nous le confère ! -
> *Et Copernic... ta mère !*

Il prêchait l'amour comme le Jésus Christ d'antan.
Il parlait beaucoup, mais il n'osait pas le chant.
Puis il s'échoua un matin sur une banquise.
Il avait très froid et les manchots sous la brise
Chantèrent : " Il est blanc comme neige, mais il est gelé !
Le gosse s'pèle ! Le gosse s'pèle ! Le gosse s'pèle ! "
> Le gosse amusé se mit à chanter
> Du gospel. Du gospel. Du gospel.
> La glace fût brisée, lui décomplexé.
> Ah, gospel ! Ah, gospel ! Ah, gospel !
> On peut s'éclater sans très bien chanter
> Le gospel. Le gospel. Le gospel.

Tangata Manu

Presqu'une étoile tellement y'a le feu.
Seuls les oiseaux, pour un temps, espèrent
Sur Terre où par milliards sont les yeux
Qui battent des cils et regardent en l'air.
A grande échelle, comme sur l'île de Pâques,
On se querelle y'a des nerfs qui craquent.
On tourne en rond. Figure imposée
Par les démons qu'on a libérés.

Tangata Manu, tu passes à tire-d'aile.
Tangata Manu, prends-moi dans ton ciel.
Tangata Manu, mon oiseau de bonheur.
Tangata Manu, cette vie me fait peur.

Le gigantisme nous a fait bâtir
Des œuvres saintes et bien d'autres pires,
Mais l'amour, loin là-haut dans l'espace,
Pour grandir a-t-il assez de place ?
Les statues sensées nous protéger
Sont quelques dieux, sont-ils trop nombreux ?
Car sans respect la promiscuité
Est un danger d'un genre monstrueux.

Tangata Manu, tu passes à tire-d'aile.
Tangata Manu, prends-moi dans ton ciel.
Tangata Manu, mon oiseau de bonheur.
Tangata Manu, cette vie me fait peur.

La vie a tous les droits

A peine t'es réveillée le matin,
Déjà elle te tient la main,
Et ça commence tout gamin.
C'est ça la vie, le sourire ou la grimace.
Elle aime te pétrir la face.
Elle te remet à ta place.
T'auras beau faire ce que tu pourras,
La vie te mène, elle a tous les droits.

C'est vrai, je me résigne à subir ma peine
Puisque j'ai pas compris ma déveine.
Je chante un peu, ça casse la rengaine.
Même si dehors, malgré les talons cassés,
Je marche menton relevé,
Je pleure quand je suis couchée.
Mon rouge à lèvres tâche l'émail de mes dents.
Mon rire jaune est éloquent,
Je suis ternie par le temps.
T'auras beau faire ce que tu pourras,
La vie te mène, elle a tous les droits.

Dois-je crier très fort, plus fort dans le vent,
Pour envoyer espoirs et tourments
Au tendre cœur d'un prince charmant…
Je rêve souvent de ne faire don de mon corps
Qu'aux premières heures de ma mort
Plutôt que du soir à l'aurore.
Je ne serai plus lascive aux gestes vicieux
Quand l'autre vie dans les cieux
M'ouvrira enfin les yeux.
T'auras beau faire ce que tu pourras,
La vie te mène, elle a tous les droits.

Les tam-tams de ton cœur

Le jour où il est apparu,
Complexée elle n'y a pas cru.
Si beau quand il l'a invitée,
Elle s'est dit : " Il n'sait pas c'qu'il fait ! "

Et pourtant, elle l'a bien senti
Battre si fort qu'elle a dit :
" J'entends les tam-tams de ton cœur
Qui m'envoient des messages de bonheur. "

Il espérait tant un garçon
Qu'elle craignait sa déception.
L'échographie n'a pas souhaité
Le satisfaire, mais il souriait.

Peu importe le sexe du chéri,
C'était si fort qu'il a dit :
" J'entends les tam-tams de ton cœur
Qui m'envoient des messages de bonheur. "

Elle s'attendait à ce qu'un jour
Il cède à celles qui l'entourent.
Plus belle, opiniâtre, en douceur,
L'une a su dérégler son cœur.

Il l'a quittée de longues années
Et malgré elle, elle l'a toléré.
Elle l'a revu, abandonné.
L'amour, la peine, l'ont fait craquer.

Contre son cœur elle l'a blotti.
Il battait si fort qu'il a dit :
" J'entends les tam-tams de ton cœur
Qui m'envoient des messages de bonheur. "

Sans lui, sa fille avait grandi
Sans comprendre qu'il soit parti.
Ses yeux aux siens se sont ouverts.
Il a pleuré tout ce qu'elle a souffert.

Les trois cœurs réunis
Battaient si fort qu'ils ont dit :
" J'entends les tam-tams de ton cœur
Qui m'envoient des messages de bonheur. "

Corps in

Je divague, je décroche, je plane, je rêve, je suis en transe.

Mon cœur accélère, ma respiration est plus intense.

Ma tête est une douce salle de torture, mes paupières s'abaissent.

Je m'approche, je te touche, je te palpe, je te caresse.

La salive surchauffe ma langue et mes lèvres s'entrouvrent.

Je m'aventure, je t'explore, je m'émerveille, je te découvre.

Ton corps est une drogue forte, il exhorte le mien.

Je tâtonne, tu te donnes, je te façonne de mes mains.

Je t'inonde de chaleur, mais c'est bien toi qui me noies.

Je te désire, je te serre, tu es mon vêtement de soie.

Je te goûte, je te dévore, je t'assaisonne de mes épices.

Tu me galvanises, tu m'envoûtes par ton épiderme lisse.

Je te moule, je te polis, j'innove, je t'enduis, je t'engrène,

Tu m'engloutis, tu m'enfièvres, je t'enfile, tu m'engaines.

Pas question de vague à l'âme dans ce face à face vague/lame.

Trop faible pour te repousser, je n'ai pas les armes.

Toi, ma nimbe, ma lyre, mon nid, ma nicotine,

Je te dépeigne, je t'auréole, je te couve, te parfume.

Tu es la chaleur de mon regard, émotion enfantine.

Il n'y a pas de fumée sans feu, je brûlais que tu m'allumes.

Comme d'habitude je t'abandonne, chimère de mes folles nuits.

Je te retrouverai après une longue journée d'ennui.

Corinne, je t'attendrai toujours impatiemment dans mon lit.

Tout mon être s'embaume dans ce rêve où tu vis, où j'ai envie.

Double tranchant

Vite, vite, il faut aller vite,
Toujours être le premier.
Chercheurs on vous félicite
Dans la course à nous soigner.

Est-ce que cela nécessite
Escrocs, corrupteurs, dopés ?
Autant d'actions illicites
Dans la course aux intérêts.

Et si l'oxygène fait vivre,
Qu'on ne peut pas s'en passer,
Il fait des radicaux libres
Ceux qui vont nous moissonner.

Venin, quand tu t'insinues
Tu gagnes en nous le terrain.
La science a vu tes vertus,
Il y a en toi des corps sains.

Soleil, plein de vitamines.
Un peu, ça donne bonne mine.
Beaucoup, ça fait des victimes.
Le soir, il rougit de ses crimes.

A trop tout stériliser
On est mal immunisés.
Microbes, ambiance sélective.
La bulle, triste perspective.

Trop long, c'est quand on s'ennuie,
Et là on se voit vieillir.
Trop court, quand on jouit de la vie,
Un jour c'est le coup de menhir.

Un fleuve, un lieu idéal
Pour boire et pour les jardins.
T'oublies que quand il s'étale
Il n'a que faire des humains.

Je connais avec toi ce genre de paradoxes.
Quand tout va on s'embrasse, d'autres fois on se boxe.
Trouve-t-on l'équilibre dans ce genre d'équinoxe ?
T'alternes aussi le vrai avec un peu d'intox.

J'ai besoin de toi. Je t'aime à la folie.
Tu me tues parfois. Dégage de ma vie !
Tu respires si fort le charme troublant
De la vie à mort, du double tranchant.

Le ciel au-dessus de ça

Tu t'échappes de mes rêves
Quand le soleil se lève.
Ta nuit est infinie,
Tu n'es plus dans mon lit.
Depuis, l'aube et les fleurs
De ton corps sont l'odeur.
Si la neige tombait je pourrais t'y sculpter.

Mon amour encore vivant
Te vois dans les éléments,
Mais le ciel au-dessus de ça
Jamais plus ne te rendra.

" Le vent, le soleil, la pluie,
C'est en eux que je revis.
Ils sont ma nouvelle peau
Pour toujours toucher ta peau. "

Ce nuage qui passe
C'est ton cœur qui grimace.
Un éclair, une tempête,
Je sors pour faire la fête.
Je suis ivre de pluie et c'est déjà la nuit.
Dans un rêve tu souris. Jamais je ne t'oublie.

Mon amour encore vivant
Te vois dans les éléments,
Mais le ciel au-dessus de ça
Jamais plus ne te rendra.

" Le vent, le soleil, la pluie,
C'est en eux que je revis.
Ils sont ma nouvelle peau
Pour toujours toucher ta peau. "

Je sème des cris d'amour

Il suffit parfois d'une dispute
Pour qu'une vie de rêve culbute.
Chacun reste dans son coin
Et alors l'idylle prend fin.

L'espace est un tapis de chagrin
Qui me vole, soir et matin,
Ta présence inamovible à mon sens,
Ton affection qui me comble à outrance.

Qui pourrait colmater la brèche,
Qui ouvre mon corps et mon sang sèche,
Quand je sème des cris d'amour
Qui ne récoltent rien en retour ?

Je ne sais à quelle force j'obéis.
Je voudrais partir loin d'ici.
La honte m'assaille car je ne fais rien
Qu'à me plaindre sans chercher plus loin.

Si mon orgueil suscite l'abandon
Sur cet écueil je mourrai sans pardon.
Je n'aurai qu'à souffrir de mes remords
Si un jour je reconnais mes torts.

Qui pourrait colmater la brèche,
Qui ouvre mon corps et mon sang sèche,
Quand je sème des cris d'amour
Qui ne récoltent rien en retour ?

C'était pas nous, c'était pas vous

Dissout le cocon familial,
Ils avaient le cœur en lambeaux,
Ils étaient soignés par le mal,
Les coups de fouets saignaient leur peau.

Leurs chants d'espoir n'étouffaient pas
Dans le coton qui n'avait guère
Le doux contact de la soie,
Mais la couleur des tortionnaires.

Les auteurs de ces maltraitances,
C'était pas nous, c'était pas nous,
Et les victimes de ces souffrances,
C'était pas vous, c'était pas vous.

Fini le sang de la sentence,
La coupe est pleine, prenons le temps
De boire aux couleurs plus tendances
Comme ce beau mélange noir et blanc.

A défaut d'autres percussions,
Pour se venger pendant la nuit,
Au mieux libérant la pression,
Leurs tam-tams parlaient aux esprits.

Quand des esclaves brisaient leurs chaînes,
Plus rien ne les décourageait.
Après la peur des punitions
Venait l'heure de l'insoumission.

Les auteurs de ces maltraitances,
C'était pas nous, c'était pas nous,
Et les victimes de ces souffrances,
C'était pas vous, c'était pas vous.

Unissons dans la transparence,
Beaucoup de noirs, beaucoup de blancs,
Pour éviter que l'ignorance
Prenne d'assaut le fil du temps.

C'était pas nous, c'était pas vous.
Souvenons-nous, soutenons-nous.

Mon amie t'y es

Les choses fortes qui nous lient
N'entraînent pas toujours dans un lit.
D'autres coups de foudre surviennent,
Des affinités se maintiennent,
Pour qu'enfin opère la magie
Qui fait apparaître un ami
Dans un épisode plein de joie
Ou quand plus rien ne va pour soi.

Aux rythmes des... " Ça va ? Et toi ? "
Copains, copines, passent par-là,
Mais les amis sont plus que ça,
Ils s'inquiètent quand ça ne va pas.
Tu sais que chez eux y'a ta place,
Mais c'est gratuit, pas de prix d'ami...
Et leur réconfort est un sas,
T'en ressors que quand t'es remis.

Je n'ai rien fait pour mériter
Tout ce qu'elle a pu m'apporter.
Si peur d'en avoir abusé,
J'ai décidé de lui en causer.
Et ma question l'a soulagée.
Et sa réponse m'a sidéré.
Elle se trouvait dans le même cas.
Là, on s'est jetés dans nos bras.

C'est un drôle de charme quand naît l'amitié.
Dans mon cœur, mon âme, mon amie t'y es !
C'est pas que c'est vital, mais ça fait du bien.
Je me sentais bancal avant ton soutien.

Il n'osera pas

Il n'osera pas faire le premier pas.

Il doit penser que mon cœur est déjà épris,
Qu'en amour, dans ma vie, j'ai déjà tout appris.
Il doit se dire qu'il n'est pas digne que je le vois,
Que je ne veux pas d'un gars comme ça.

Ses yeux sont pleins d'amour, je me sens belle.
Je ne suis pourtant pas un top model.

Il doit penser qu'on me harcèle toute la journée
Et qu'un de plus ça ne va faire que m'énerver.
Il doit se dire que les gens vont rire de lui.
La honte si je dis pas oui...

Il n'osera pas faire le premier pas.

Et moi j'attends, j'espère encore, je lui souris.
Il doit penser que je me moque un peu de lui.
Si j'y vais, il va dire que je suis une traînée.
Au diable tous ces préjugés !

Ses yeux sont pleins d'amour, je me sens belle.
Je ne suis pourtant pas un top model.

J'y suis allée, je lui ai dit qu'il me plaisait.
On s'est parlés, on s'est connus, on s'est aimés.
Aujourd'hui je ne suis pas prête à le lâcher.
J'ai su gagner ma destinée.

Mon cœur trop glacé

Tu es partie avec toutes les notes.
Tu es partie, les inspirations sautent,
Me font faux bond et le plaisir vont m'ôter.
Je regrette déjà quand mes mains se frottaient,
Ces jours de grâce où je criais : " Je l'ai ! ".
Tout sera figé, les notes gelées.

Malheureux, les mots chausseront leurs pieds
De mélodies d'occasion bien usées.
Fatal, bientôt plus d'air à inventer.
Scandale, plus d'air nouveau à fredonner.
On étouffera tous autant qu'on est
Dans tout cet amas de vieux airs viciés.

Et je l'entends ce jour qui des mots dit,
Mais ne souffle aucune nouvelle mélodie.
Il est à nos portes et à nos portées,
Bien fermé aux clés. On tire un trait !

Et mon cœur trop glacé ce jour-là a cassé.
Les tas de débris étaient dans mes viscères éparpillés.
Ça me sortait par les oreilles !
Cessons ces sons toujours pareils !

Et mon cœur trop glacé ce jour-là a cassé.

Voilà que ça revient, j'ai assimilé.
La douleur est là, mais je l'ai domptée.
Ton départ revient en boîte à musique.
Des pieds en chemin bottent l'amnésique.

Et je me souviens du mal si présent.
Du mal qu'on se donne à aimer les temps.
Les tempos, les rythmes, qu'ils soient vites ou lents,
L'espace ou la taille, du beat, du talent,
N'ont pas d'importance pour un mort-vivant
Qui ronge les racines d'un amour sans gland.

Et lorsque la Terre met l'ange Atmosphère
Sur orbite spécial, gueule de musical,
Il a l'air de rien, mais il tend la corde
Et raisonne en moi la sensible corde
Qui capture au vol le refrain fringant
Qui donne au malheur l'effet qu'il me ment.

Et mon cœur de glacer ce jour-là a cessé.

J'ai l'air qu'on se donne quand on souffre aux temps,
Aux temps nuageux qui promettent soleil,
Parce que qui vivra aimera le vent,
Le vent d'instruments flattant les oreilles.

Et mon cœur de glacer ce jour-là a cessé.

Enfin réussie

Des moins que rien se rendaient jaloux
De tout le bien que je voyais au bout.
Ils me jetaient bâtons dans les roues.
J'ai cru que jamais j'en viendrai à bout.

Des psychopathes creusaient ma tombe.
Des phallocrates attendaient que je tombe.
A chaque attaque j'étais plus tenace.
Du tac o tac je répondais en face.

J'ai réparé sur moi sur les cassures.
De ma confiance j'ai fait une armure.
Je vis ma vie, fini les doublures.
La réussite enfin je mesure...
Elle a fière allure !

La réussite rend les autres envieux.
Ma vie détruite, c'était ça pour eux.
J'ai pas craché, j'ai tourné les yeux.
J'ai pas lâché, j'ai trimé, tant mieux.

Des psychopathes creusaient ma tombe.
Des phallocrates attendaient que je tombe.
A quatre pattes ils m'auraient vu bonne,
Mais, bas les pattes, je suis pas si conne.

Enfin, ce soir, je sors sans souci.
J'ai su sans cesse relancer ma vie.
C'est au forceps, au biceps aussi,
Que je sors la tête, c'est une nouvelle vie...
Enfin réussie !

Si elle pouvait

C'est pas un jeu pour les enfants,
D'ailleurs ils ne veulent pas jouer.
Une petite fille pleure trop souvent
Parce qu'on l'a souvent obligé…

Si elle pouvait grandir d'un coup
Et lui montrer qu'elle en a marre
En lui donnant des coups.
Si elle était Myriame Lamare.

Crochet au menton.
Un coup au plexus.
Un coup là où je pense...
Bonus !

Souvent secret de polichinelle,
Tout le monde sait, mais ferme les yeux.
Ça semble tellement irréel,
" Ça devrait durer qu'un an ou deux... "

Si elle pouvait grandir d'un coup
Et lui montrer qu'elle en a marre
En lui donnant des coups.
Si elle était Myriame Lamare.

Crochet au menton.
Un coup au plexus.
Un coup là où je pense...
Bonus !

Est-ce que c'est de ma faute

C'était bien trop beau pour durer,
Déjà finie l'union sacrée.
De votre amour je fus le fruit,
Maintenant voilà qu'il s'enfuit.

Pour vous, mon amour est entier,
Mais vous, vous me partagerez.
De l'un à l'autre, à la dérive,
Faudra d'abord que j'y survive.

Est-ce que c'est de ma faute ?
" Non, non, non, non, non ! "
Ça n'arrive pas qu'aux autres !
" Non, non, non, non, non ! "

Un peu détruit dans mes heures sombres,
Mais après la colère retombe.
Oh non ! Je ne souhaite à personne
Un équilibre qui l'abandonne.

Pour des épaules d'enfant c'est lourd
De voir se disperser l'amour.
On n'a pas envie d'être seul
A tout porter, fermer sa gueule.

Est-ce que c'est de ma faute ?
" Non, non, non, non, non ! "
Ça n'arrive pas qu'aux autres !
" Non, non, non, non, non ! "

Façon passive de me venger,
Espoir secret de les rapprocher,
Ma présence doit leur rappeler
Que pour moi ils se sont aimés.

J'aurai pas assez de ma vie
Pour recoller tous les morceaux,
Mais puisqu'ils m'aiment à l'infini
Je leur pardonnerai là-haut...

Est-ce que c'est de ma faute ?
" Non, non, non, non, non ! "
Ça n'arrive pas qu'aux autres !
" Non, non, non, non, non ! "

La lune était rouge

Si je meurs un peu plus chacun des matins
Où le soleil brille d'un esprit coquin,
C'est qu'il me transperce de ses lames dorées
Pour me rappeler qu'il l'auréolait
Quand un jour d'été elle m'est apparue
Et qu'elle m'a ouvert à sa vie la vue.
On ne savait pas qui, on ne savait pas quoi.
Je me trouvais ici, elle se trouvait là.
On était face au bonheur. On était face au bonheur.

On s'est laissés faire, on s'est pris le bras.
On était synchrones, dans le même pas.
Pas de mauvais travers, on allait tout droit.
Y avait des lumières, mais on n'entrait pas.
On restait chez nous, dehors les débiles !
L'instinct nous guidait, tout était facile.
Tout semblait acquis et on vivait cois.
Des câlins par-ci, des câlins par-là.
On était dans le bonheur. On était dans le bonheur.

Mais un crépuscule, la lune était rouge,
Comme un loup-garou elle a eu les crocs.
Sortie prendre l'air, il fallait qu'elle bouge,
Son cœur fut souillé sous le charme d'un escroc.
La lune l'a trompée, une nuit a suffi.
J'ai perdu la vue en sortant de sa vie.
Je ne sais plus qui, je ne sais plus quoi.
Moi tout seul ici, elle, plus loin là-bas.
C'était une farce le bonheur.
C'était une farce le bonheur.

La lune était rouge… La lune était rouge…

Seulement tes seins

Tes mots rythmaient alors mon temps.
Ce qu'ils figuraient me plaisait.
Tu les enrobais suavement
Des douceurs que l'on respirait.
Un jour l'un d'eux a sonné faux
Et par une réaction en chaîne
J'ai mal perçu tes mots nouveaux
Et je vis depuis dans la gêne.
Seulement tes seins dans mes mains.
Dans ma tête, de toi, y'a plus rien.

A chaque fois qu'on se croisait,
Par envie, parfois pour rien,
On se frôlait, on se touchait,
D'un geste franc ou anodin.
Les raisons en une se trouvaient,
Rien n'entravait nos mouvements.
L'amour qui nous désinhibait
S'est détourné de moi vraiment.
Seulement tes seins dans mes mains.
Dans ma tête, de toi, y'a plus rien.

Aujourd'hui, je viens dans ton lit.
Je n'y reconnais plus le mien.
Aujourd'hui quand je te souris,
C'est un malaise que je retiens.
J'attends des colères, des orages,
Qui nous inondent, qui nous séparent,
Car je ne trouve pas le courage,
Et tu fais mine de ne rien voir.
Seulement tes seins dans mes mains.
Dans ma tête, de toi, y'a plus rien.

J'étais une chanson

Je suis une chanson qui ne t'accroche pas.
Je suis une chanson qui te suit pas à pas.
J'entre par une oreille et je ressors par l'autre.
Tu peux faire sourde oreille, je frappe toujours à ta porte.

Toujours le même refrain, commercial et rengaine.
Tu résistes, tu te freines, tu baisses ta garde enfin !
Au premier rendez-vous tu fais un peu la moue,
Mais ma tête te revient et tu me laisses entrer.
Finalement tu me retiens, tu me fais des ponts d'or.
Ton bonheur fait le mien, je ne couche plus dehors.

J'étais une chanson qui ne t'accrochait pas.
J'étais une chanson qui te suivait pas à pas.
J'entrais par une oreille, je ressortais par l'autre.
Tu ne fais plus sourde oreille, tu m'as ouvert ta porte.

Puis je sonne dans ton cœur entre violence et douceur.
Je marque de mon empreinte une période de ta vie.
Toutes ces couleurs peintes par ma seule mélodie,
Tu ne veux plus oublier, tu ne peux plus oublier.
Toutes ces couleurs peintes par ma seule mélodie,
Tu ne veux plus oublier, tu ne peux plus m'oublier.

Et un jour de grand vent, bousculant tes sentiments,
Soufflant sur ta mémoire, la nostalgie te fait croire,
En entendant cet air-là, qu'il était beau ce temps-là,
Qu'elle était belle ton histoire.
En entendant cet air-là, qu'il était beau ce temps-là,
Qu'elle était belle notre histoire.

Les gouttes d'eau

T'y croyais plus, mais tu l'as trouvé
L'homme qui voulait enfin t'aimer.
La joie tu l'avais tellement rêvée,
Tu t'es cachée quand t'as pleuré.

Les essuie pas, c'est fait pour ça,
Les gouttes d'eau.
Ca démaquille les yeux des filles,
Mais lave l'âme, l'eau.
Les larmes aux cils, ton crocodile
C'est pas du faux.
Ouvre la panse, des sanglots pense
Qu'ils t'élèveront haut.

Les difficultés à vivre à deux
Parfois au cœur ça fait des bleus.
T'as encaissé, t'as dit ça passera,
Ce mal, ces pleurs longs sous les draps.

Les gouttes d'eau qui coulent sur ta peau,
Les gouttes d'eau sont pures comme des cristaux.
Les gouttes d'eau, pas toujours un naufrage.
Les gouttes d'eau, elles vident les nuages.

Même s'il te laissait parfois tomber,
Dans ton chagrin tu espérais.
Ce n'est plus toi qu'on entend pleurer,
Il prend ton sein mmm… ton bébé.

C'est d'la balle

T'arrives au quart-temps de ta vie,
Tu fais une pause, tu réfléchis.
Tu te sens déjà fatigué.
A quoi, vers quoi t'es entraîné ?

Tu peux ne pas marcher au pas,
Mais tu marches à côté d'tes pompes !
C'est toi que tu shootes, tu vois pas
Qu'tu joues avec ceux qui te trompent.

Ok, collectif dans l'équipe,
Mais s'il n'y a que des bras cassés,
Qu'une influence pas bénéfique,
Joue perso, tu peux les lâcher !

Si t'as quelques " poings " de côté,
La violence n'est pas conseillée.
Quand se plie ton ventre en courant,
Donne un second souffle au talent.

C'est d'la balle quand y'a des artistes
Qui emballent le jeu sur la piste.
Préparons au mieux le terrain
Et la dream team est pour demain.

Ne tombe pas dans le panneau
Des mauvais messages qu'on t'injecte.
Il faudra mouiller le maillot
Pour être bien dans tes baskets.

Les points ne tombent pas du ciel,
A toi d'voler comme l'hirondelle.
Prends les occasions au rebond,
Derrière place ton dunk et c'est bon !

D'où qu'il vienne, l'Homme est imparfait.
Il fait faute, c'est inévitable.
Bien sûr y'a les coups de sifflets,
L'arbitrage est indispensable.

Y'a des règles et elles évoluent.
C'est les mêmes pour les femmes les hommes.
Ceux qui légifèrent sont tenus
De n'pas faire de retour en zone.

C'est d'la balle quand y'a des artistes
Qui emballent le jeu sur la piste.
Préparons au mieux le terrain
Et la dream team est pour demain.

C'est pas le rhum qui fait l'homme

Les heures n'ont pas de fin…
Jusqu'au petit matin
Elle t'attend dans l'espoir
Que tu arrêtes de boire.
Elle a peur pour son corps.
Elle est bien quand tu dors.
Elle te voudrait lucide.
Elle veut ton verre aride.
Quand elle te voit rentrer elle ne peut que penser :
C'est pas le rhum, c'est pas le rhum,
C'est pas le rhum qui fait l'homme...

Record de verres tu tiens
Et tu es fier de ça,
Mais un problème survient
Et là tu n'assures pas.
Courageux, raisonnable,
Amoureux, responsable,
Elle veut un homme, un vrai,
Un qui tient sur ses pieds.
Elle a posé ses lèvres
Sur des rêves d'orfèvre.
Elle y embrasse un homme,
Pas une bouteille de rhum.
Elle voulait distiller
L'amour qu'elle te portait,
Mais à cinquante degrés
Il s'est évaporé.

Quand elle te voit rentrer elle ne peut que penser :
C'est pas le rhum, c'est pas le rhum,
C'est pas le rhum qui fait l'homme...

Condamné à neuf mois

Déjà emprisonné alors que t'as rien fait.
Condamné à neuf mois par deux juges, elle et moi.
Un couloir bien étroit s'ouvre enfin devant toi.
Adieu douce prison, d'autres peines viendront…

Tu ne savais pas penser, l'idée t'a effrayé.
Tu as fermé les yeux, c'était trop lumineux.
T'as voulu t'en aller, tu ne savais pas marcher.
T'as entendu parler, tu n'as su que pleurer.

Rouge sang à nos yeux, dans ce monde t'es un bleu.
Demain tu vas grandir, sûrement t'aguerrir.
La guerre est le marteau qui plante les drapeaux.
Tu gagnes ou bien tu perds, l'aisance ou la galère.

Paradis contre enfer, c'est le charme de la Terre.
Moi aussi je m'y perds, j'ai du mal à m'y faire.
Seras-tu assez fort pour conjurer le sort ?
Le sauveur attendu, dis-moi, le serais-tu ?

Aux pleurs stridents du bambin :
" Aie confiance… " dit le bon saint.
Aux cris poignants du bambin :
" Ne crains rien… " dit le malin.

Mon premier texte. J'avais 18 ans.

Le silence

J'aime beaucoup ce réveil tout en douceur,
Caressée par le soleil, ses rayons,
Suite à cette nuit où un homme, plein de chaleur,
A eu pour moi tant et tant d'attention.

Et j'ai peur qu'il ne soit plus près de moi.
Son souffle est-il autant imperceptible ?
Les yeux fermés, j'écoute autour de moi.
Pas d'eau qui coule, pas de pas, c'est terrible.

Le silence transperce mon cœur.
Cette ambiance, c'est mon petit film d'horreur.
C'est mon suspens à moi.
Mais je suis morte s'il n'est plus là.

Je me fais peur avec un scénario.
Il est venu pour me tailler en pièces.
Il m'a fait croire que nous deux c'était beau
Pour m'écraser sous des tonnes de tristesse.

Je l'imagine ou l'a-t-il prononcé ?
J'étais si bien, c'est peut-être moi qui l'ai dit…
Le verbe " aimer " est-ce qu'on l'a conjugué
A deux personnes ou personne n'a rien dit ?

Le silence transperce mon cœur.
Cette ambiance, c'est mon petit film d'horreur.
C'est mon suspens à moi.
Mais je suis morte s'il n'est plus là.

Je tourne le dos à l'autre côté du lit
Et mes poignets ne sont pas menottés.
Sans me retourner ma main glisse dans le lit.
Mon cœur bat fort, est-ce que je vais le toucher ?

Rien pour l'instant il faut aller plus loin.
Est-il joueur ou en lévitation ?
Suis-je toute seule ? L'air n'a pas l'air malsain !
Pas de joint, pas de clop, aucune indication.

Le silence transperce mon cœur.
Cette ambiance, c'est mon petit film d'horreur.
C'est mon suspens à moi.
Mais je suis morte s'il n'est plus là.

Et, comme dans le film de Bernard Jeanjean
" J'me sens pas belle "(c'est comme ça qu'il s'appelle),
Je me figure, plutôt que les croissants,
Qu'il aura préféré se faire la belle.

Mon lit trop grand ou mon bras limité,
Ma position pas la mieux adaptée,
C'est alors qu'une douce vague de chaleur
Se colle à moi, mouvement prometteur...

Le silence m'a transpercé le cœur,
Mais l'ambiance est devenue meilleure.
C'était mon suspens à moi.
Je suis morte de plaisir cette fois…

Idéal… charabia

Ce serait moi l'unique,
Celui que t'attendais ?
Ta chance tombée à pique
Quand tu m'as rencontré ?

Tu dis que sur la Terre
Chacun a sa moitié
La plus complémentaire,
Que toi tu l'as trouvée.

Six milliards à courir
Après cœurs après culs
Alors je vais te dire,
C'est une chance de cocu !

Des milliers de paires d'yeux
Croisés dans une vie
Dont quelques amoureux,
Des vrais et faux amis.

Peu d'probabilités
Réelles de se trouver…
Même coin, même époque,
Sans besoin d'une convoc'.

Même s'il y a internet
Pour l'autre bout d'la planète,
Quel tir chirurgical !
C'est un coup magistral !

Moi, je crois qu'il y'en a
Des tas, des tas, des tas,
En Thaïlande, Ouganda
Brésil ou Canada.

Des beaucoup mieux que moi
Comme des gants pour tes doigts.
Moi j'ai l'air d'une chaussette,
Prendre son pied est ma quête.

Le jackpot, tu l'aurais devant toi ?
Aucun autre idéal à c'point-là ?
C'que tu m'dis, je ne le comprends pas.
Idéal… chachacha charabia !

Le code

Un premier tour de clé où tant et plus je pense,
Et j'exprime sa beauté à travers l'éloquence.
Jamais rien n'est tout rose, mort aux moments maudits !
J'en gueule, mais ça s'impose, comble de tragédie !
Tempo temporisé, feutrée devient l'ambiance.
Tout son corps embrasé, emballé par la danse.
Etourdi à tomber à deux doigts du désastre,
Je relève la tête et je comprends les astres.

Calliope, Melpomène, Terpsichore, Uranie,
Clio, Thalie, Euterpe, Erato, Polymnie,
Et si c'était le code pour percer son secret,
Et si c'était une ode à la femme chantée,
Je ferais de ces muses des amours inspirées,
Même si elles s'amusent à me faire espérer.

Vivre un début sans fin avec le plein d'espoir,
Pas de rêve dit vain je crois en notre histoire.
Jeter hors du commun un petit grain de folie,
Eclosion d'un parfum qui vire en comédie.
Pour soutenir l'amorce d'une rencontre unique
Il y va de la force d'une grande musique.
Je voudrais observer une minute de " merci "
En l'honneur d'une complice dans cette poésie.

Calliope, Melpomène, Terpsichore, Uranie,
Clio, Thalie, Euterpe, Erato, Polymnie,
Et si c'était le code pour percer son secret,
Et si c'était une ode à la femme chantée,
Je ferais de ces muses des amours inspirées,
Même si elles s'amusent à me faire espérer.

Papillon ne vole plus

Elle avait le corps pur et le cœur ingénu,
Souvent papillonnait, mais gardait sa vertu.
Elle attendait l'amour qui la ferait grandir.
Elle pensait jouir d'un homme, elle pensait pas souffrir.
De la fleur carnivore elle ne se méfiait pas,
Et la mauvaise graine germait à quelques pas...

Papillon ne vole plus, on a coupé ses ailes.
Le mal qui la guettait a pénétré en elle.

Tu penses encore au soir où tu as fait confiance.
T'avais un rendez-vous, t'étais pas en avance.
L'ombre sur le trottoir offrait sa bienveillance,
Mais il t'a transportée au cœur de sa violence.
T'as cherché dans le ciel quelconque délivrance.
Pour le plaisir de l'un, à l'autre les souffrances...

Papillon ne vole plus, on a coupé ses ailes.
Le mal qui la guettait, a pénétré en elle.

Jaloux

Et tu clignes de l'œil,
L'arme à pleurs tu rengaines.
J'ai peur que tu m'en veuilles,
Mes questions sont rengaines.

Vois-tu des hommes hors normes
Dénudant ta raison ?
Que te disent les hormones
De ces chauds Apollons ?

Je ne sais que faire, à cheval
Entre en laisse ou enlacer,
Tchao, tchao, mettre les voiles
Ou bien les rennes lâcher ?

J'arrête les brimades
Qu'entraînent tes escapades.
Je croyais te posséder, j'ai à ta peau cédé.

Tu imites la mante,
Religieuse en caresses.
Je te voulais aimante,
Mais tu n'es que maîtresse.

Le couteau sous la gorge,
Je me préserve... hâtif.
Caractère je me forge,
J'étouffe hors de tes griffes.

A toi je voue le meilleur de mes jours.
T'avoues le tabou : ta liberté de l'amour.

Jaloux, je me joue un des plus mauvais tours
Car après tout je t'aime quand vient mon tour.

Un enfant qui

Un enfant qui s'enivre d'une musique
Qui martèle son nerf acoustique.
Un enfant qui n'adore ses parents
Que s'ils lui donnent de l'argent.
Un enfant qui pour tous se fait juge
Et fait sa loi lorsqu'il s'insurge.
Un enfant qui dit " non ! "
Pour contredire la raison.

Un enfant qui se croit déjà grand.
Aux vices il accorde du temps.
Un enfant qui veut tout casser
Même s'il doit en faire les frais.
Un enfant qui devient hystérique.
Un enfant qui cède à la panique.
L'amour ne lui donne pas sa chance ?
Il se tourne vers la violence !

Un enfant sans grande culture
Qui cultive des drogues dures.
En mal de lui, mal d'exister,
Vivre mal où est l'intérêt ?
Ce portrait est un miroir flou
Où l'enfant jamais ne se voit,
Mais ne le traitez pas de fou,
L'aimer peut faire de lui un roi.

Un enfant qui dessine une fleur
En regardant un film d'horreur.
Un enfant qui vous sourit
Les lèvres en dents de scie…

La douloureuse

Tu t'es offert de belles vacances,
Pour une fois tu t'es pas privé,
Mais sur l'autoroute, pas de chance,
Dépanneuse, faut déjà payer !
On t'a dit que c'était pas grand-chose,
Une petite pièce défectueuse,
Mais la facture te décompose,
Elle a l'envergure d'une tueuse !

La douloureuse, la douloureuse,
Ton compte est bon, quelle débiteuse !
La douloureuse, la douloureuse,
C'est massacre à la tronçonneuse !

En sifflant tu prends ton courrier,
Y'en a qui t'ont pas oublié...
T'es pas pressé de déplier,
Mais il faudra bien y passer.
Tu mets tes yeux dans le rectangle,
La meurtrière du bas de page,
Où est la virgule ? Tu t'étrangles !
Effrayant, t'as le front en nage !

La douloureuse, la douloureuse,
Ton compte est bon, quelle débiteuse !
La douloureuse, la douloureuse,
C'est massacre à la tronçonneuse !

Les jolies filles courent pas les rues
Qui les mèneraient jusqu'à toi,
Mais un jour l'une d'elles s'est perdue
Et s'est retrouvée sous ton toit.
Prêt à tout pour ne plus qu'elle parte,
Tu pioches dans tes économies.
Elle prenait les hommes à la carte,
Et la tienne lui a bien servi...

La douloureuse, la douloureuse,
Ton compte est bon, quelle débiteuse !
La douloureuse, la douloureuse,
C'est massacre à la tronçonneuse !

Magicien, c'est le bordel

Souviens-toi des beaux lapins blancs
Qui sortaient de ton chapeau noir.
Leurs yeux sont rouges, rouge est leur sang.
Sous ton bandeau peux-tu les voir ?
Ici on tire comme des lapins
Ceux qui ne sont pas dans le gratin.
Ici, tu tires pas la bonne carte
Et on t'écrase ou tu t'écartes.

C'est le bordel dans ton chapeau,
T'as mis ta baguette à l'envers !
Les hommes sont pires que les animaux.
Magicien, sors-nous de l'enfer !

Colombe blanche voudrait sortir
Et de sa plume écrire au ciel
Que liberté rime avec rire,
Qu'on dit ce qu'on veut, que la vie est belle.
Mais des renards lui clouent le bec.
Elle bat de l'aile la démocrate !
Un tour de magie sur tant d'échecs,
Prends ton gant blanc, montre ta patte.

C'est le bordel dans ton chapeau,
T'as mis ta baguette à l'envers !
Les hommes sont pires que les animaux.
Magicien, sors-nous de l'enfer !

Dis, n'as-tu pas tombé ta cape
Sur le respect que l'on devrait
Donner, au point que ça nous frappe
Rien qu'à te voir battre ton jeu ?
Et quand tu scies fais attention,
Ta lame coupe pour de bon !
Du mal, des cris, fais-tu le sourd ?
Fracture sociale, point de non-retour...

C'est le bordel dans ton chapeau,
T'as mis ta baguette à l'envers !
Les hommes sont pires que les animaux.
Magicien, sors-nous de l'enfer !

Même si

Diablesse
Je pense, mais c'est pas au bien...
Je suis, ce n'est pas pour rien...
J'écrase quand je joins les mains...

Ange
T'es une erreur de la nature.
La mort dans l'âme, une rature.
Je prie pour que tu sois pure.

Diablesse
Porter des coups c'est un art
Et j'aime rentrer dans le lard.
Mon regard est un poignard.

Ange
Ici, les coups laissent des traces.
Après, même les plus vivaces,
D'un coup d'œil je les efface.

Même si rares sont les moments
Où passe trop vite le temps.
Même si on se bat tout le temps
Pour être un survivant.
Même si tout ne sert à rien,
On fait, on fait son chemin.

Ange
Tu tiens la mort par l'épaule,
Mais t'as pas le monopole,
T'as pas non plus le beau rôle.

Diablesse
Et que fais-tu avec elle ?
Même pas elle te dépucelle !
T'es qu'un masque pour la croire belle.

Ange
Il faut que tu te mêles de tout.
Sans toi le monde serait doux
Et le paradis jaloux.

Diablesse
Sans moi, comment apprécier
Un bonheur qui se refait ?
Je suis le passage obligé…

Même si rares sont les moments
Où passe trop vite le temps.
Même si on se bat tout le temps
Pour être un survivant.
Même si tout ne sert à rien,
On fait, on fait son chemin.

Quand c'est beau, c'est pour toi

Depuis qu'un jour j'ai posé
Le pied sur cette grande boule bleue,
J'ai cherché ses bons côtés
Pour être et pour rendre heureux.

Puisque tu t'es présentée,
Une génération plus tard,
Je vais te faire partager
Ma vie, ma façon de voir.

Quand c'est beau, c'est pour toi.
J'aimerais que tu sois
Toujours auprès de moi,
Pour des instants de joie.

Tu es le cœur du combat
Que je mène pour t'élever
Au-dessus de tout l'effroi
Qui me mine face aux méfaits.

Magnifique ciel étoilé,
Lune ronde bien éclairée,
Je voudrais te réveiller
Pour ensemble en profiter.

Quand c'est beau, c'est pour toi.
J'aimerais que tu sois
Toujours auprès de moi,
Pour voir ces choses-là.

Une biche au fond d'un pré,
Joli faon à ses côtés,
Tu es avec ta maman ;
Que vois-tu en ce moment ?

Puisque tu ne peux pas être
Tout le temps à mes côtés,
Je garde un coin pour y mettre
De l'amour à te raconter.

Quand c'est beau, c'est pour toi.
J'aimerais que tu sois
Toujours auprès de moi,
Pour des instants de joie.

Bémol

Qui donc m'expliquera
Ce qui m'est scandaleux ?
Quand un brave s'en va,
Dix pourris sont au mieux !

Et j'entendrai tes mains
Qui n'applaudiront plus.
Je reverrai tes yeux
Qui ne me verront plus.

Sur mes succès…   bémol.
Sur mon bonheur…   bémol.
Sur mes sourires…   bémol.
Les bonnes nouvelles… bémol.

L'épice qui manquera,
La fausse note qui faussera,
Ce caillou qui fait mal,
Ce pied qui rend bancal.

Oui, combien de saveurs
Pourraient être meilleures ?
Dès lors toutes mes joies
Seront en manque de toi.

Sur mes succès…   bémol.
Sur mon bonheur…   bémol.
Sur mes sourires…   bémol.
Les bonnes nouvelles… bémol.

Je te conseille ce livre !
Viens-tu me voir chanter ?
Un grand moment à vivre.
La naissance d'un bébé.

C'est cette part de trop,
Quand je veux partager,
Qui me fera défaut.
J'peux plus te la donner.

Sur mes succès…　　bémol.
Sur mon bonheur…　　bémol.
Sur mes sourires…　　bémol.
Les bonnes nouvelles… bémol.

Si on voilait la Joconde

Imaginez donc un drap
Jeté sur la tour Eiffel.
Qu'elle voit à ses pieds des pas,
Mais vraiment plus rien du ciel.

Tristes alors, de-ci de-là,
Ceux qui la portaient aux nues.
A l'inverse ne manque pas
Ce que l'on n'a jamais vu.

Mais que penserait le monde
Si on voilait la Joconde…
Le tableau original
Soudain balafré d'un voile.

Elle est cachée la beauté !
Des tableaux inachevés.
Des sourires dissimulés.
Des pensées embobinées.

Viendra l'inauguration
Des tours Eiffel sous leurs draps,
Et leurs yeux, pour l'occasion,
Seront partout à la fois.

Mais que penserait le monde
Si on voilait la Joconde…
Le tableau original
Soudain balafré d'un voile.

Heureux sans être amoureux

Je suis heureux dans tes bras chaque jour
Malgré cette contrefaçon d'amour.
Un coup de foudre risque de tourner court,
Je préfère vivre avec toi sans amour.

    Heureux sans être amoureux
    Heureux sans être amoureux

La jalousie, je pratique couramment.
Je me contrôle au mieux et pourtant
Avec l'amour je multiplie par cent.
C'est infernal je préfère vivre sans…

    Heureux sans être amoureux
    Heureux sans être amoureux

Nos points communs nous donnent l'impression
De n'être qu'un. Fruit de notre passion…
Pas de " je t'aime ", barbante ponctuation,
Mais nos câlins sont de vraies émotions.

    Heureux sans être amoureux
    Heureux sans être amoureux

Nos caractères, dans le bonheur, s'accordent
Et nos extases à tous les coups concordent.
Pas peur du crash qui naît de la discorde.
Si on ne plane plus, nos cous n'ont pas de corde…

    Heureux sans être amoureux
    Heureux sans être amoureux

Schmoll

Je voulais rencontrer le Schmoll.
J'me creuse, comment voir mon idole ?
Comme quand son Johnny a l'idée,
Ah que oui, l'ami imiter !

J'téléphone à cet univers,
Chevrotant comme un vieux crooner :
" Je voudrais parler à Eddy !
Surprise, dites pas qu'c'est Johnny ! "

Peur qu'on m'envoie m'faire cuire un œuf…
Ah que coucou, vite démasqué !
Ils m'ont jeté comme un morpion :
" Vous faites pas partie d'la maison ! "

C'est pas drôle, j'suis pas l'ami du Schmoll.

J'ai voulu m'essayer sosie,
Me faire du blé… et du whisky.
Oui, la gloire par procuration,
C'est mieux que rien, c'est pas si con.

Mais j'ai d'abord pris le liquide.
Peut-être un p'tit peu abusé...
Les jambes molles, le teint livide,
Soit disant qu'j'ai pas assuré !

On m'a même pas donné dix sacs :
" Pour ta gueule, c'est trop bien payé ! "
J'aurais dû la flairer l'arnaque,
Mais je n'avais pas le bon nez...

C'est pas drôle, j'ai pas le flaire du Schmoll.

Casting comédie musicale
Sur monsieur Eddy Mitchel.
J'ai voulu séduire le jury :
" L'idée, le prod, tout est génial ! "

S'il y en a que le lèche-bottes blouse,
Ben là, ce n'était pas le cas !
" C'est pas avec vous qu'on va trouver chaussure à notre pied ! "
" Attendez ! J'ai même pas chanté ! "

Alors je me suis empressé
De leur donner celles que j'portais,
Mais un trou à mes chaussettes noires
Leur a fait dire d'aller m'faire voir...

C'est pas drôle, c'est pas le pied le Schmoll.

On t'aurait rien dit

Tu ne voulais pas trahir
La confiance qu'il t'accordait.
Craquante, l'esquisse du sourire,
Quand d'une moue il suppliait.

Témoin de ses quatre cents coups,
Combien de regrets tu dénombres ?
Tu étais son petit toutou,
Tu restais tapie dans l'ombre.

On t'aurait rien dit si t'avais parlé !
T'as omis, t'as menti, dans quelle galère on est !

On est à l'âge divin
Des plus belles premières fois,
Mais quand vinaigre est le vin
C'est qu'on fait n'importe quoi.

Sous prétexte d'être ado,
Qu'il faut faire des expériences,
Il a été jusqu'à trop
Et tu en avais conscience.

On t'aurait rien dit si t'avais parlé !
T'as omis, t'as menti, dans quelle galère on est !

T'allais toujours dans son sens
Pour qu'il soit plus qu'un copain,
Mais au diable l'attirance
Quand on aime on châtie bien !

Là, on vide notre venin,
Tant pis si ça sert à rien.
Comme tu dis c'est fait, c'est fait.
Oui, mais toi tu n'as rien fait !

On t'aurait rien dit si t'avais parlé !
T'as omis, t'as menti, dans quelle galère on est !

C'était avant qu'il fallait
Nous appeler au secours.
T'étais seule dans sa folie
Tu seras seule sans son amour.

Comment pourrait-il t'aimer ?
C'est à toi que tu pensais.
Comment puis-je encore t'aimer ?
Toi qui n'as pas su aider...

On t'aurait rien dit si t'avais parlé !
T'as omis, t'as menti, dans quelle galère on est !

Il marche dans ses pas

Son papa sur la plage laisse des traces de pas.
Il y met ses petits pieds, il marche dans ses pas.
Les dimanches matins, il aime qu'il soit là.
Pieds nus dans la maison, il marche dans ses pas.

Son père, plein de santé, court à grandes foulées.
En âge de le suivre, il marche dans ses pas.
Son père vit aisément et gâte ses protégés.
Pareil, il fera pareil, il marche dans ses pas.

Plus larges sont ses pieds que ceux de sa maman.
Il l'aime, mais dans ses pas il ne s'emboîte pas.
Un vide est devant lui, les vertiges, les tourments.
Pourquoi suivre un fantôme, il n'a pas de papa...

Plutôt que mal servi il se dit mieux sans lui,
Mais sa langue médit à jamais dire papa.
Et pour tracer sa vie, sans jamais son avis,
Il marche pas toujours droit, il en fait des faux-pas.

Daddy, daddy, daddy, si tu vivais ici,
Papa, papa, papa, je te voudrais comme ça.

Je compte

Je compte les arbres sur les trottoirs
En marchant dans les feuilles… de papiers.
Je compte les dessins aux pochoirs
Tout en rasant les murs… déprimé !

Je compte mes pas en traversant.
Sursis de plus, j'atteins… l'autre côté.
Je compte ce qui me reste d'argent.
Pas assez pour me rendre… la monnaie.

Je voudrais tant compter
Sur une humanité.
Plus qu'un numéro vert,
Qu'une bouteille à la mer.

Je compte sur la liste du portable
Les amis sur qui je… peux compter.
Je compte les choses praticables.
Pour les handicapés… pas assez !

Je compte les trop rares comiques
Qui savent nous faire rire sans… se moquer.
Je compte les constructions phalliques
Qui par le ciel pourraient… s'effondrer.

Je voudrais tant compter
Sur une humanité.
Plus qu'un numéro vert,
Qu'une bouteille à la mer.

Prise Jacques

Ce Paul est quelqu'un d'adorable.
Il n'y en a pas deux comme lui.
Il fait le lit et met la table,
Mais moi je lui pourris la vie.

Oui, ce pauvre gars fait les frais
De ma vie de couple passée
Dans le lit froid de la violence,
Bordée par l'ombre de la démence.

Affaiblie par la solitude,
J'avais trouvé sollicitude
Dans les bras du premier venu,
Promis à ma déconvenue.

Ce Pierre m'a démantibulée,
Cerveau quasi détérioré.
Mais si j'ai réussi à fuir,
Difficile de me reconstruire.

Paul est à l'opposé de Pierre,
Mais je soupçonne l'autre derrière.
Je suis déchirée par la méfiance
Et obsédée par la vengeance.

Lui ne m'a jamais rien promis,
Même mes défauts il les a pris.
Le poids en trop dans mes valises,
Il le paie sans gérer la crise.

C'est pas un conte que je me raconte,
C'était ma vie, elle me fait honte.
Qui donne sa langue au chat qui ment
Reçoit d'office un châtiment !

Je voudrais oublier ce Pierre,
La vision de ses poings de fer,
Mais ils m'ont à jamais marquée.
Je ne serai jamais en paix.

Après l'emprise d'une brute
(Pierre, il me rendait folle)
Suivie d'une méprise abrupte,
(Paul, c'était pas son rôle),
Branchez-moi sur une prise Jacques
Pour me déconnecter
De ces images démoniaques
Qui me font tout rater.

Si chaque femme avait

T'as pas du tout besoin de moi,
Tu sais te faire ton opinion,
Et tu n'es pas faible au combat.
Ton caractère c'est du béton.

Mais je ne peux pas m'empêcher
D'être toujours aux petits soins,
T'ouvrir la porte ou la fermer
Et te conduire vers un câlin.

Te préparer ton petit café
Pour un bon réveil au matin.
Pas derrière toi dans l'escalier,
Non, c'est pas vrai, ça j'aime bien...

Je déborde de bonheur
Quand je prends soin de ton cœur.
Je le calme ou l'accélère.
Mmm, le doux rythme d'enfer...

Ah, si chaque femme avait,
Ne serait-ce que la moitié,
De ce que j'aime te donner...
Ah, si chaque femme avait...

Dans les clips ragga, dans le x,
La femme n'est plus qu'un sac à sexes.
Mon nom n'est pas dans mes chansons,
Le tien mérite plus d'attention.

Pour mettre une chaîne à la télé
J'attends d'abord que t'aies choisi,
Mais on n'y est pas enchaînés,
La priorité est au lit...

Un petit massage de temps en temps,
Quand tu es bien ça me détend.
Et quand tu parles, je t'écoute.
Ta salive, j'en perds pas une goutte...

Je déborde de bonheur
Quand je prends soin de ton cœur.
Je le calme ou l'accélère.
Mmm, le doux rythme d'enfer...

Ah, si chaque femme avait,
Ne serait-ce que la moitié,
De ce que j'aime te donner...
Ah, si chaque femme avait...

La fille du voisin noir

La fille du voisin noir,
Elle éclaire son visage de fard.
Elle travaille tard le soir,
Parfois défaite par le cafard.
La fille du voisin noir
Embouche les pipes, l'air d'y croire.
Préfère-t-elle les cigares,
Un joint l'enchaîne à un lascar…

Elle crèche là, au-dessus d'un bouge.
Fréquente les boîtes à lumière rouge.
Survit à la sueur de son ventre.
Miettes de son gagne-pain, quand elle rentre…

Honte à ceux qui lui lancent une parole,
Le quartier traque les mauvais rôles.
Sur des ponts entre bouches et oreilles
Se bousculent les critiques des vieilles.

La fille du voisin noir.
On ne raconte pas son histoire.
La fille du voisin noir.
Certains la vivent dans un plumard.
La fille du voisin noir.
On n'embellit pas son histoire.
La fille du voisin noir.
Certains la traduisent en cauchemar.

Et je l'épouse d'un tendre regard.
Je lie ma peine à son rire trop rare.
Parfois dégriffée, des marques la somment
De se donner au poids des hommes.

Ils se grisent au vertige des hauteurs,
Elle se brise aux tiges des profondeurs,
Connaît par cœur le cœur de sa rue,
Mais pas mon cœur, lui qui l'a élue.

La fille du voisin noir.
On ne raconte pas son histoire.
La fille du voisin noir.
Certains la vivent dans un plumard.
La fille du voisin noir.
On n'embellit pas son histoire.
La fille du voisin noir.
Certains la traduisent en cauchemar.

Au revoir

Atomes crochus en cascade,
Poignée de mains, embrassade,
Tout le monde aurait parié
Pour une très longue amitié.

Pourtant un éloignement,
Un quotidien différent,
A cassé subitement
Ce lien qu'on croyait puissant.

Un jour, on se dit au revoir
Sans savoir
Qu'c'est la dernière fois qu'on se voit.

Les mêmes goûts, mêmes passions,
Un beau partage d'émotions.
C'est le pot de miel et l'ours.
C'est la montagne et la source.

L'amour si fort peut tanguer.
On envoie tout valdinguer.
Nouveaux duos reformés,
La vie sait nous séparer.

Un jour, on se dit au revoir
Sans savoir
Qu'c'est la dernière fois qu'on se voit.

Sur un bisou chaleureux,
Sur un baiser langoureux,
Des tapes, des mains qui se cognent,
Des paluches qui se serrent la pogne.

On ne s'y attendait pas,
Les lendemains c'est comme ça.
Humains sous l'emporte-pièce,
Souvent les gens disparaissent.

Un jour, on se dit au revoir
Sans savoir
Qu'c'est la dernière fois qu'on se voit.

Fin

Voilà une heure que je patiente,
Quand ripe la bille de mon stylo
Parmi les lignes impatientes
De ma grande page à carreaux.

Elle s'échappe du bord de la marge
Comme un oiseau sort de sa cage.
Sur cinq lignes, jouant d'élégance,
Elle monte en une boucle immense.

Et, profitant de son élan, revient avec acharnement
Pour réaliser, sans manière, la même boucle à l'envers.

Puis elle s'envole lentement
Pour revenir incessamment
Suivant, après son demi-tour,
Le même chemin de retour.

Elle entame alors, dans l'action,
Une courbe en forme de pont.
Et puis, n'en faisant qu'à sa tête,
En trace une seconde côte à côte.

Semblant bigrement satisfaite
Du bout de son parcours elle saute.
Près de la boucle de départ
Elle laisse une marque d'encre noire.

Puis, comme un mystérieux mirage,
Elle m'abandonne devant la page,
Parachevant avec ce point
La composition du mot fin.

Ces textes sont déposés à la SACEM.
J'indique ceux qui sont accompagnés officiellement d'une composition musicale par *(C)*, pour chanson, et ceux qui sont extraits d'une comédie musicale par *(CM)*.

	Préliminaire		page 7
1	Viens pas chez moi	*(C)*	15
2	Donner un sourire	*(C)*	16
3	Tu freines trop tard	*(C)*	17
4	Tsunami d'amour	*(C)*	18
5	Pas même une colère		19
6	Le ruban de l'espoir	*(C)*	20
7	Eléonore	*(C)*	21
8	Nous sommes des animaux	*(C)*	22
9	Jamais	*(C)*	23
10	L'oiseau dodo	*(C)*	24
11	Je fais ce que je veux	*(C)*	25
12	Mets-le en marche		26
13	Vis ! Yeah ! Yes !	*(C)*	27
14	La huitième des merveilles	*(C)*	28
15	Coincé p'tit lapin		30
16	La joie dans les yeux	*(CM)*	31
17	Quand la femme...	*(C)*	32
18	Renaissance		34
19	Vous ne savez pas	*(C)*	35
20	T'avais pas l'droit	*(C)*	36
21	Plus belle qu'une bataille	*(CM)*	37
22	Au nord de la Corée	*(C)*	38
23	Les mains sur nos hanches	*(C)*	39
24	J'avais pas vu la rose	*(C)*	40
25	Une pierre à l'édifice	*(C)*	41
26	Foutu karma	*(C)*	42

27	Un soupçon d'idée	*(C)*	44
28	Exception	*(C)*	45
29	L'ado adore		46
30	Le couteau dans la plaie		47
31	De ces pages…		48
32	Tu croyais quoi	*(C)*	50
33	Le pianiste a bon dos	*(C)*	51
34	La balle est dans tous les camps	*(C)*	52
35	Et l'on s'aime voyez-vous	*(CM)*	54
36	Incapable	*(C)*	55
37	C'est moi son amoureuse	*(C)*	56
38	Et alors	*(C)*	57
39	Un truc en plus	*(C)*	58
40	Tout me revient	*(C)*	59
41	J'ai tellement voulu y croire	*(C)*	60
42	Si je baisse les yeux	*(C)*	61
43	Le gosse pèle		62
44	Tangata Manu		64
45	La vie a tous les droits	*(CM)*	65
46	Les tam-tams de ton cœur	*(C)*	66
47	Corps in		68
48	Double tranchant	*(C)*	70
49	Le ciel au-dessus de ça		72
50	Je sème des cris d'amour		73
51	C'était pas nous, c'était pas vous		74
52	Mon ami t'y es		76
53	Il n'osera pas		77
54	Mon cœur trop glacé		78
55	Enfin réussie		80
56	Si elle pouvait	*(C)*	81
57	Est-ce que c'est de ma faute	*(C)*	82
58	La lune était rouge	*(C)*	84
59	Seulement tes seins	*(C)*	85

60	J'étais une chanson		86
61	Les gouttes d'eau	*(C)*	87
62	C'est d'la balle		88
63	C'est pas le rhum qui fait l'homme		90
64	Condamné à neuf mois	*(C)*	91
65	Le silence		92
66	Idéal… charabia		94
67	Le code	*(C)*	96
68	Papillon ne vole plus	*(C)*	97
69	Jaloux	*(C)*	98
70	Un enfant qui	*(C)*	99
71	La douloureuse		100
72	Magicien, c'est le bordel	*(C)*	102
73	Même si	*(CM)*	104
74	Quand c'est beau c'est pour toi	*(C)*	106
75	Bémol		108
76	Si on voilait la Joconde	*(C)*	110
77	Heureux sans être amoureux		111
78	Schmoll	*(C)*	112
79	On t'aurait rien dit	*(C)*	114
80	Il marche dans ses pas	*(C)*	116
81	Je compte	*(C)*	117
82	Prise Jacques	*(C)*	118
83	Si chaque femme avait	*(C)*	120
84	La fille du voisin noir		122
85	Au revoir	*(C)*	124
86	Fin		126

ISBN : 9782322090006
Dépôt légal : décembre 2018